아이슬란드 로피로 뜨는
노마딕 니트

사이치카

마피아싱글하우스

Prologue

아이슬란드 실로 스웨터를 떠 보시지 않으시겠어요?
이런 제안을 받고 저와 아이슬란드 양들의 상상 속 유목 여행이 시작되었답니다. 두 종류의 로피를 늘 곁에 두고 이것저것 뜨개질하며 지낸지 어언 1년…….
그러던 어느 날 아틀리에 한편에 웅크리고 잠을 자는 양치기 개 한 마리가 나타났습니다. 정확히 말하면 그건 뜨다가 놓아둔 털실 뭉치였지만요.
그 상상 속 양치기 개가 저를 이끌었고 그렇게 점점 스웨터는 완성되어 갔지요. 뜨개질하는 동안 해방감과 함께 대지와 점점 더 가까워지는 느낌이 들었답니다.
로피는 흙 내음이 납니다. 살아 숨 쉬는 듯한 생명체의 냄새도 나고요.
여행을 떠나기도 쉽지 않았던 요즘, 공상과 상상의 날개만큼은 자유롭게 여행을 떠날 수 있지요. 저와 함께 뜨개바늘을 들고 여행을 떠나 보실까요?
첫 번째 목적지는 아이슬란드!
이 책을 만드는 데 도움을 주신 많은 분들과 이 책을 선택해 주신 모든 분들께 진심으로 감사의 마음을 전하며…….

사이치카

Nomadic Knit

Contents

아이슬란드 양과 함께하는
매일매일의 스웨터 이야기

프롤로그 p.2

A
양치기 스웨터
아이슬란드 양모로 뜬
데일리 스웨터

photo : p.8 / how to knit : p.54

B
양치기 스웨터
아이슬란드 양모로 뜬
릴랙스 스웨터

photo : p.9 / how to knit : p.54

C
양치기 베스트
아르티장 (Artisan) 베스트

photo : p.10 / how to knit : p.56

D
양치기 재킷
아르티장 (Artisan)
재킷

photo : p.12 / how to knit : p.59

E
양치기 원피스
포근한 양모가 몸을 감싸주는 옷

photo : p.14 / how to knit : p.60

F
양치기 코트
노마드 코트

photo : p.16 / how to knit : p.60

G
펠트 더비햇

photo : p.18 / how to knit : p.66

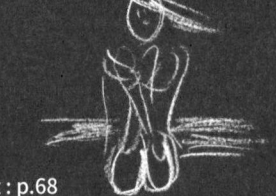

H
펠트 슬립온

photo : p.20 / how to knit : p.68

I
쏟아지는 비를 닮은
리브 스웨터
결실을 맺어주는 비를 기다리며

photo : p.22 / how to knit : p.70

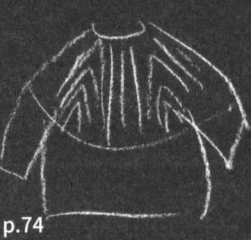

J
쏟아지는 비를 닮은
라운드 요크 스웨터

photo : p.24 / how to knit : p.74

K
항아리핏 스웨터

photo : p.26 / how to knit : p.76

펠트
에그백
조그마한 생명체를 닮은 가방

photo : p.28 ／ how to knit : p.78

별똥별이 쏟아져 내리는
스웨터
별이 빛나는 하늘 아래

photo : p.40 ／
how to knit : p.86

펠트
우편 배달부 가방

photo : p.30 ／ how to knit : p.80

꽃바구니 가방
가드너를 위한 가방

photo : p.42 ／ how to knit : p.88

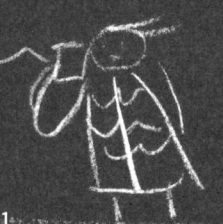
Tempo andante 템포 안단테
카디건
~ 걷는 속도로

photo : p.32 ／ how to knit : p.61

로피 얀에 대해서   p.44
양치기 스웨터 어레인지 가이드   p.46
포인트 레슨
   a 터키식 시작코   p.48
   b 매직루프   p.49
   c 코바늘 모티브
     「꽃잎」 뜨는 법   p.50
   d 코바늘 모티브 연결하는 법   p.51
   e 펠팅하는 법 (손세탁)   p.52

대바늘뜨기의 기본   p.91
코바늘뜨기의 기본   p.94

Tempo adagio 템포 아다지오
스웨터
~ 느리게

photo : p.34 ／ how to knit : p.64

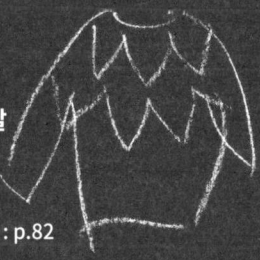

나뭇잎 사이로 비치는 햇살
스웨터
책 읽기 좋은 스웨터

photo : p.36 ／ how to knit : p.82

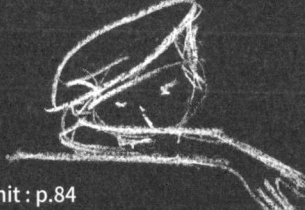

펠트 베레모

photo : p.38 ／ how to knit : p.84

A / *How to knit → page 54*

양치기 스웨터
아이슬란드 양모로 뜬 데일리 스웨터

딸이 다니는 초등학교에서는 양을 키우고 있어요.
저학년 아이들이 어린 양치기가 되어 양을 돌본답니다.
살아있는 생명을 기르는 데는 각오가 필요하지만,
동경의 대상이 되어버리는 양치기.
양치기 스웨터로 코디를 더욱 빛내보세요.

양치기 스웨터
아이슬란드 양모로 뜬 릴랙스 스웨터

가볍고 부드러운 매력을 지닌 스웨터입니다.
넉넉하고 편안한 사이즈로 서스펜더멜빵와 아주
잘 어울리지요.
남녀노소 누구나 즐길 수 있는 스타일이랍니다.

양치기 베스트
아르티장 (Artisan) 베스트

작은 주머니가 있는 펠트 베스트는 스웨터 위에도 걸쳐 입을 수 있는 넉넉한 사이즈예요. 세탁기로 줄일 때는 두근거리겠지만 걱정하지 마세요. 충분하지 않다면 원하는 질감이 되도록 다시 손세탁해서 펠팅하면 되니까요.

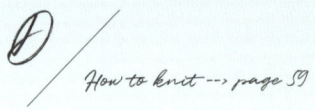
How to knit ---> page 59

양치기 재킷
아르티장 (Artisan) 재킷

담요와 비슷한 질감의 재킷.
원통형으로 뜨고 완벽하게 펠팅한 뒤 앞중심을
잘라 펼칩니다. 원통형인 상태로 펠팅하면 좌우
몸판을 균등하게 줄일 수 있어요.
가위로 자르기만 하면 완성되는 스타일로,
핀으로 고정하여 앞뒤로 자유롭게 연출해서
입으세요.

How to knit --> page 60

양치기 원피스
포근한 양모가 몸을 감싸주는 옷

제가 상상해 온 이상적인 양치기의 모습이에요.
로피의 매력이 고스란히 담긴 원피스가 탄생했지요.
소매에 팔을 넣은 순간에 맛본 기쁨을 말로 다 표현
할 수 없을 만큼 마음에 쏙 드는 디자인이에요.

F
How to knit --> page 60

양치기 코트
노마드 코트

「양치기 원피스」를 세탁기로 세탁하여 펠팅 했습니다. 로피는 양의 개성을 오롯이 느낄 수 있는 실이랍니다. 흰색 실은 탄력 있는 질감을 가지고 있고, 컬러 실은 도톰한 편이라 부피감을 느낄 수 있어요.
느긋하게 뜨개질을 즐겨보세요.
레트로피로 뜬 가볍고 따뜻한 코트입니다.

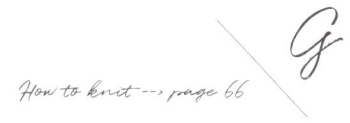

How to knit ---> page 66

펠트 더비햇

입체적이고 따뜻하면서도 아름다운 모자를 갖고 싶어 떠 보았습니다. 둥글게 말아 들고 다닐 수도 있어 더욱 실용적인 모자랍니다.

H
How to knit ---> page 68

펠트 슬립온

새하얗고 둥그스름한 모습이 흡사 누에고치 같기도 하고 작은 동물 같기도 한 따뜻하고 포근한 슬립온. 매우 심플하고 아름다운 한 켤레가 완성되었습니다. 뒤꿈치 쪽을 접어 바부슈 스타일로도 신어보세요.

How to knit ⇢ page 70

쏟아지는 비를 닮은 리브 스웨터
결실을 맺어주는 비를 기다리다

쏴아쏴아—.
평온했던 대지를 적시는 비를 떠올리며 뜬 스웨터예요. 소매에도 리브골지의 흐름이 계속 이어집니다. 레트로피를 사용하여 탑다운 방식으로 뜨세요.

/ *How to knit* ---> *page 74*

쏟아지는 비를 닮은 라운드 요크 스웨터

알라포스로피라서 숭덩숭덩 뜨기 쉬운 스웨터입니다.
목둘레부터 뜨기 시작해서 아래로 퍼져나가는 리브의
그림자가 고요하면서도 아름다워요.

How to knit --→ page 76

항아리핏 스웨터

이름에서 알 수 있듯이 손잡이가 두 개 달린 둥근 항아리를 푹 껴입은 듯한 디자인입니다. 똑바로 입어도 좋지만, 위아래를 거꾸로 해서 입어도 스타일리시한 연출이 가능하지요. 원하는 스타일로 자유롭게 입어보세요.

펠트 에그백
조그마한 생명체를 닮은 가방

보송보송하고 둥그스름한 달걀 모양의 가방.
펠팅하면 더욱 둥글고 보송보송해진답니다.
귀엽고 사랑스러운 느낌이라 다른 색으로도
뜨고 싶어질 거예요.

펠트 우편 배달부 가방

이따금 편지를 써주는 친구가 있습니다. 편지 쓰는 걸 귀찮아하는 저를 생각해주니 기쁘더군요. 고마워. 이 책도 누군가에게 닿아 행복이 전달된다면 좋겠습니다. 추운 날에는 손을 넣어 녹일 수도 있을 것만 같은 포근한 우편 배달부 스타일의 가방이랍니다.

How to knit --- page 61

Tempo andante 템포 안단테 **카디건**
~ 걷는 속도로

사람마다 걷는 속도는 제각각이지요. 저는 신주쿠 거리를 걸을 때면 무서운 기세로 걷곤 한답니다. 모쪼록 이 카디건은 느긋하게 걷는 속도로 즐기면서 떠 보시길 바랍니다.

How to knit → page 64

Tempo adagio 템포 아다지오 **스웨터**
~ 느리게

andante 카디건의 느긋한 시간을 좀 더 즐겨 보는 건 어떨까요? 물론 알라포스로피를 14호 바늘로 뜨는 거라 리듬감 있게 라운드 요크의 코를 줄여가며 뜨면 순식간에 완성하게 되겠지만요.

How to knit --> page 82

나뭇잎 사이로 비치는 햇살 스웨터
책 읽기 좋은 스웨터

이웃집 모과나무의 나뭇잎 사이로 비치는 햇살이 우리 집 작은 정원 위로 쏟아져 내립니다. 그 반짝이는 나무 그늘 아래는 특등석. 나뭇잎 사이로 비치는 햇살을 레이스뜨기로 떠 넣은 라운드 요크 스웨터입니다.

Q

How to knit --> page 84

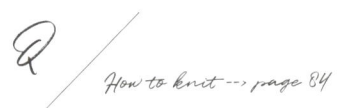

펠트 베레모

두루두루 활용하기 좋은 클래식한 베레모입니다.
살짝 얹어 써도 좋고 깊게 눌러 써도 좋아요.
입구 부분을 뒤집어서 안메리야스뜨기가 겉으로 보이게 쓰면
더욱 스타일리시해 보인답니다.

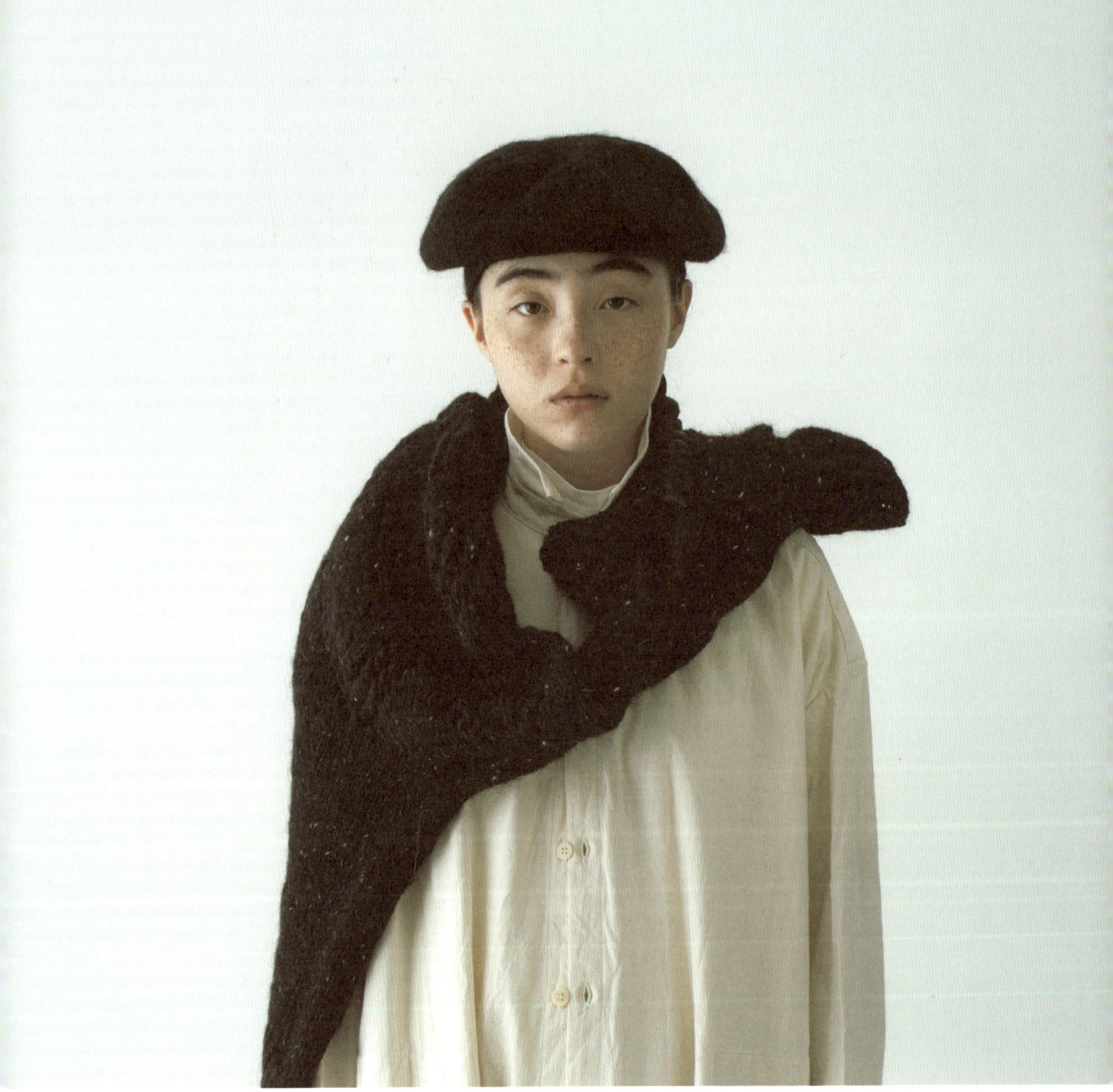

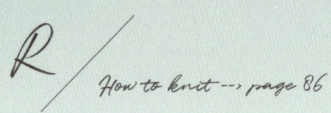
How to knit ---> page 86

별똥별이 쏟아져 내리는 스웨터
별이 빛나는 하늘 아래

별똥별이 떨어지는 시기가 되면 매번 두근거리는 마음으로 기다리게 됩니다. 별똥별을 기다리며 무한한 상상의 나래를 펼치는 건 즐거운 일이지요.
쏟아지는 별똥별을 연상시키는 매력 만점의 스웨터, 함께 떠 보실래요?

8

How to knit --> page 88

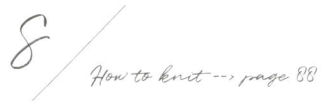

꽃바구니 가방

가드너를 위한 가방

들판에 앉아 화관을 뜨듯이 꽃 모티브들을 정성스럽게 떠서 연결합니다. 빈틈없이 조밀하게 연결되어 있어 소지품을 담기에도 좋아요. 사랑스러우면서도 여성스러운 느낌이 가득한 플라워 가방입니다.

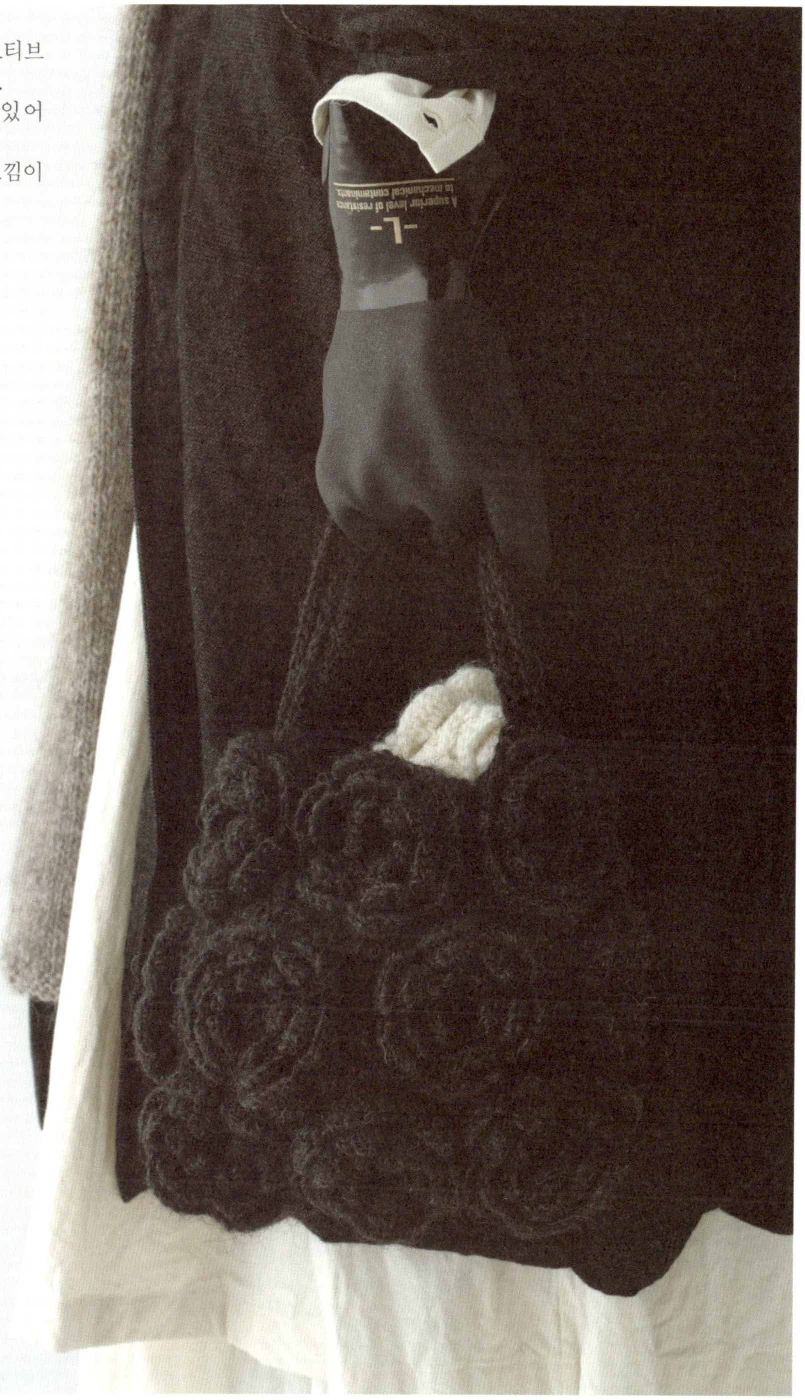

About Lopi

로피 얀에 대해서

레트로피
1 볼 100m/50g

알라포스로피
1 볼 100m/100g

    이 책의 작품에 사용한 「로피(lopi)」는 아이슬란드 고유 종인 아이슬란딕 십 (Icelandic Sheep) 의 털로 만들어진 털실입니다.
    아이슬란딕 십은 9~10 세기경 , 바이킹이 아이슬란드에 정착하며 데려온 양에서 유래했습니다. 그 이후 양의 몸을 보호하는 양모는 '빙하와 화산의 나라'라고 불리는 섬나라의 혹독하고 단절된 자연환경에 적응해 가며 독특한 성질을 갖게 되었습니다.
    섬유가 길고 광택이 나는 바깥쪽 털은 발수성이 뛰어나 비와 눈을 막아줍니다. 그리고 짧고 가느다란 섬유를 지닌 안쪽 털은 부드럽고 가벼우며 보온성이 좋아 추위를 확실히 막아줍니다.
    그 두 종류의 털을 사용하여 원모의 유분도 남기면서 꼬임을 적게 해서 만든 실이 로피입니다. 원래 아이슬란드에서 「로피」라는 말은 원모를 카딩 (carding, 불순물을 제거해서 섬유를 가지런히 하는 작업) 한 상태를 의미했지만, 현재는 꼬임이 적은 실을 의미하기도 합니다.
    이렇듯 로피는 독특한 특성과 질감을 가진 실입니다. 뜨개질을 해보면 유분이 남아 있어 약간 뻣뻣하게 느껴지는데 , 마치 양 자체와 어우러져 있는 느낌이 듭니다. 뻣뻣한 질감은 완성

후에 물세탁을 해서 여분의 기름을 제거하면 폭신하고 부드럽게 바뀌므로 그 모습도 즐겨 주시길 바랍니다. 마무리 작업은 물세탁을 권장합니다.

이 책에서 사용한 로피는 대표적인 로피인「알라포스로피(Álafosslopi)」와「레트로피(Léttlopi)」두 가지입니다.

원료는 똑같으나 알라포스로피는 극태 (1 볼 100m/100g), 레트로피는 병태 (1 볼 100m/50g) 라는 점이 다릅니다.

위의 사진은 같은 콧수·단수를 두 종류의 실로 뜬 스와치로 굵은 알라포스로피로 뜨면 커지고 가느다란 레트로피로 뜨면 작아집니다. 두툼하면서 조금 더 소박한 감촉을 즐기고 싶다면 알라포스로피를, 조금 더 가볍고 섬세한 편물을 즐기고 싶다면 레트로피를 사용하세요.

로피로 뜨는 아이템으로는 기하학적인 배색무늬로 요크를 장식하는 로피 스웨터가 가장 먼저 떠오르기 마련이지만 이 책에서는 실이 지닌 '양의 느낌'을 그대로 살리는 의미에서 심플하게 디자인했습니다. 직접 실타래를 손에 들고 '양의 느낌'을 오롯이 느껴보세요.

Enjoy arrangement!

\아이디어가/
\무궁무진!/

양치기 스웨터 어레인지 가이드

A

B

    이 책에서 첫 번째로 소개한 「양치기 스웨터」를 기본으로 알라포스로피 버전 (A → p.8) 과 레트로피 버전 (B → p.9) 을 만들었습니다 (뜨는 법은 모두 p.54).

    두 종류의 기본 스웨터를 바라보며 이 심플한 패턴을 활용하면 스웨터 외에도 다양한 겨울 데일리 아이템으로 발전시킬 수 있겠다는 생각이 들었습니다.

    여러 시행착오를 거쳐 , 앞여밈단을 더하거나 펠팅하거나 길이를 늘리는 등의 어레인지를 더해 재킷 • 베스트 • 원피스 • 코트의 네 가지 작품을 만들었습니다.

    이름하여 「양치기 스타일 시리즈」.

    오른쪽 페이지에는 아이템별로 어레인지한 내용을 정리해 놓았습니다 . 어느 특정 지역에서 전통적으로 뜨개질해 온 기본 디자인은 많은 사람의 손을 거치면서 뜨기도 입기도 쉬운 형태가 되었다가 필요에 따른 어레인지가 더해져 다른 아이템으로 재탄생된다고 생각합니다.

    그런 스토리를 상상하며 만든 시리즈랍니다.

    어레인지해서도 꼭 즐겨보세요.

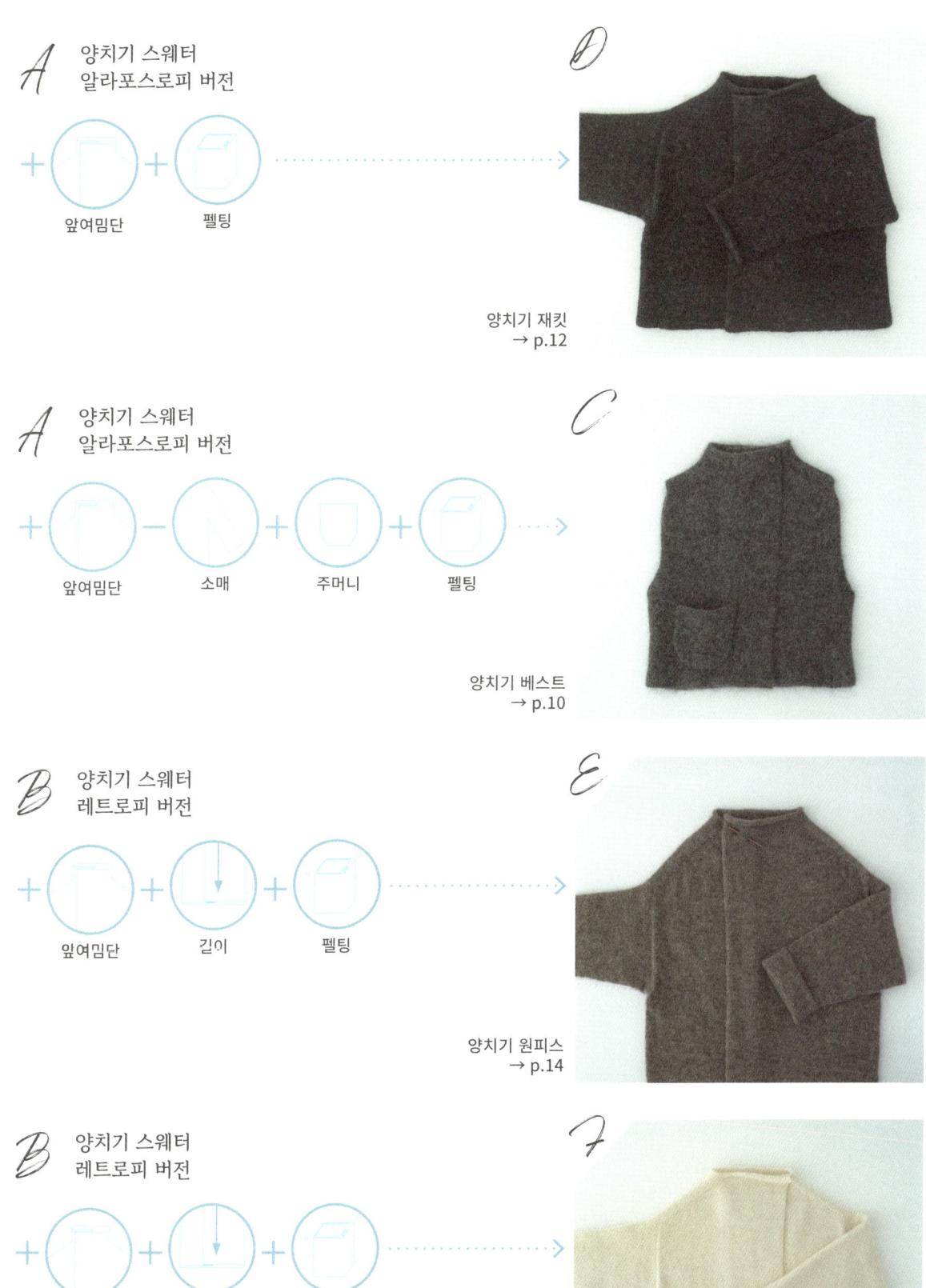

Point lesson

a 터키식 시작코 (Turkish cast on)

발가락 부분부터 뜨는 양말의 시작코. 튀르키예(터키)와 중동에서 주로 사용되어 온 시작코로 바늘에 실을 감아 만드는 간단한 방법입니다. 양말뿐만 아니라 주머니 또는 가방 형태 물건을 바닥면부터 원통형으로 뜰 때도 사용할 수 있는데, 이 책에서는 긴 줄바늘로 만드는 방법을 슬립온과 가방을 만들 때 사용하였습니다.

1 줄바늘의 바늘 끝부분을 가지런히 모아 왼손에 잡고, 실 끝을 약 10cm 남긴 뒤 바늘 2개 사이에 앞쪽에서 뒤쪽으로 끼운다.

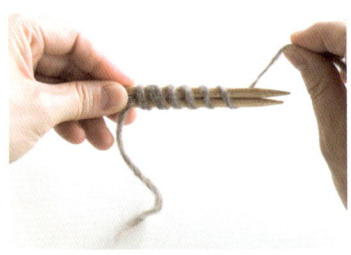

2 바늘 위쪽에서 실을 앞쪽으로 보내 (한 번 감은 상태가 된다), 필요한 콧수만큼 실을 감는다.

3 아래쪽 바늘의 끝부분을 잡고 오른쪽으로 밀어 빼내 감은 실을 줄바늘의 케이블 부분에 옮긴다.

★ 이 부분의 케이블을 오른쪽으로 끝까지 끌어내지 않도록 주의!

4 빼낸 바늘 끝을 오른손에 잡고 (★부분의 케이블은 반드시 남긴다) 위쪽 바늘에 있는 고리를 겉뜨기로 뜬다.

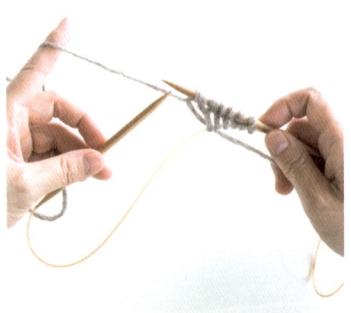

5 위쪽 바늘에 있는 고리를 모두 겉뜨기로 떠서 첫째 단의 절반을 뜬 모습.

6 바늘을 위아래 거꾸로 바꿔 잡는다.

7 위쪽이 된 바늘의 케이블을 왼쪽으로 당겨 고리를 다시 바늘 끝에 옮긴다.

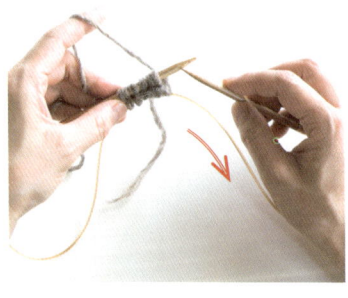

8 아래쪽이 된 바늘의 끝부분을 오른쪽으로 밀고, 빼낸 바늘 끝을 오른손에 잡는다.

9 위쪽 바늘에 있는 고리를 모두 겉뜨기로 뜨면 1단이 완성된다. 다음 단부터는 매직루프로 뜬다.

매직루프

긴 줄바늘 하나로 다양한 굵기의 원통 모양을 뜨는 방법입니다.
이 방법을 알게 된 이후부터는 대부분의 원형뜨기 아이템을 이 방법으로 뜨고 있습니다.
이 책에서도 작품 대부분을 매직루프 방법으로 떴습니다. 80cm 이상의 줄바늘을 사용하는 것이 좋습니다.

1 단의 중앙 (왼쪽) 에서 여분의 고리를 끌어낸 뒤 앞쪽의 뜨개코는 바늘 끝에 놓고 맞은편 뒤쪽의 바늘 끝은 오른쪽으로 끌어낸다.

2 왼쪽 케이블이 없어지지 않도록 주의하면서 오른쪽으로 끌어낸 바늘 끝을 오른손에 잡는다.

3 앞쪽 바늘 끝에 놓았던 코를 모두 떠서 1단의 절반을 완성한 모습.

4 편물을 뒤집은 뒤 앞쪽이 된 바늘의 케이블을 왼쪽으로 잡아당겨서 앞쪽의 뜨개코를 바늘 끝에 놓는다.

5 뒤쪽에 있는 바늘 끝을 오른쪽으로 잡아당겨서 뒤쪽의 뜨개코를 케이블 부분에 옮긴다. 이때 왼쪽 케이블이 없어지지 않도록 주의한다.

6 오른쪽으로 끌어낸 바늘 끝을 오른손에 잡고, 앞쪽 바늘에 있는 뜨개코를 모두 뜬다.

7 1단을 다 뜬 모습. 4~6을 반복하며 계속 뜬다.

c 코바늘 모티브「꽃잎」뜨는 법

「꽃 바구니 가방」(사진 : p.42 / 뜨는 법 : p.88) 의 모티브 한 장은 꽃잎 다섯 겹이 입체적으로 풍성하게 겹쳐 있는 디자인입니다. 이 모티브를 활용해 꽃잎을 입체적으로 만드는 뜨개 포인트를 설명합니다.

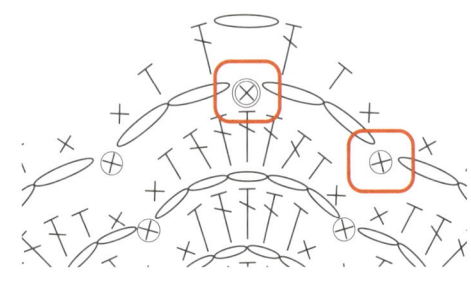

⊗ 뜨는 법

1. 기호 직전의 사슬뜨기까지 뜬 뒤, 2단 앞의 짧은뜨기 오른쪽에 뒤쪽에서 앞쪽으로 코바늘을 넣는다.

2. 짧은뜨기의 왼쪽에서 뒤쪽으로 코바늘을 넣는다.

3. 코바늘에 실을 걸어 짧은뜨기 오른쪽 뒤쪽까지 빼낸다 (짧은뜨기의 다리 부분을 다발로 줍는 상황이 된다).

4. 코바늘에 실을 걸어 앞단의 꽃잎 뒤쪽에서 짧은뜨기를 뜬다.

5. 짧은뜨기를 뜬 모습.

 뜨는 법

6. 기호 직전의 사슬뜨기까지 뜬 뒤 앞단의 꽃잎을 앞쪽으로 넘기고 앞단의 한길 긴뜨기의 토대가 되는 사슬을 다발로 줍는다.

7. 코바늘에 실을 걸어 빼낸다. 사진은 빼낸 모습.

8. 코바늘에 실을 걸어 짧은뜨기를 뜬다. 사진은 짧은뜨기를 다 뜬 모습.

9. 1~8 처럼 뜨면 꽃잎 뒤쪽에 다음 꽃잎의 토대가 생긴다.

d 코바늘 모티브 연결하는 법

「꽃 바구니 가방」의 모티브는 중심에서 뜨는 모티브의 마지막 단을 뜨면서, 주위 모티브에 떠서 연결해 나갑니다.
떠서 연결하는 끝부분이 사슬뜨기일 때 다발로 줍는 방법도 있지만, 이 작품에서는 튼튼하게 고정할 수 있는 별도의 사슬을 줍는 방법으로 연결했습니다.

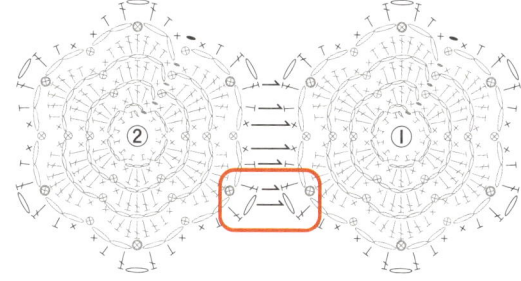

1 아홉째 단의 떠서 연결하는 위치에 있는 사슬뜨기 1코까지 모티브②를 뜬다.

2 뜨개코에서 코바늘을 일단 빼낸다.

3 빼낸 코바늘을 모티브①의 떠서 연결하는 위치에 있는 사슬뜨기에 넣는다 (머리 사슬과 뒷산 사이에 꽂아 넣는다).

4 코바늘을 모티브②의 사슬뜨기로 되돌린 뒤 ②의 사슬뜨기를 모티브 ①의 사슬뜨기에서 빼낸다.

5 빼낸 후에 모티브 두 장의 사슬뜨기가 서로 연결된 모습.

6 이어서 모티브①의 다음 한길 긴뜨기 코머리에 코바늘을 넣는다.

7 이어서 모티브②의 다음 한길 긴뜨기를 실을 빼낸 부분까지 한 번 뜬다.

8 한길 긴뜨기의 마지막에 실을 빼낼 때 코바늘에 걸린 모든 고리에서 한꺼번에 빼낸다.

9 한길 긴뜨기를 완성하여 모티브가 연결된 모습. 이후에도 같은 방법으로 ①의 뜨개코를 줍고 나서 ②의 뜨개코를 뜬다.

펠팅하는 법 (손세탁의 경우)

펠팅에는 세탁기를 사용하는 방법과 손세탁하는 방법이 있는데 큰 작품은 세탁기, 작은 작품은 줄어든 정도를 확인하면서 손세탁하는 것을 권장합니다. 슬립온처럼 작은 작품으로 감각을 익힌 뒤에 큰 작품을 만드는 것이 좋습니다.

같은 콧수, 단수의 스와치 크기 비교. 흰색은 펠팅 전, 회색은 펠팅 후. 실에 따라 다르긴 하나 일반적으로 편물을 펠팅하면 세로 방향이 더 많이 줄어듭니다.

1 큰 대야에 작품이 잠길 만큼 물을 넣은 뒤 물 5 리터당 중성세제 1 티스푼 정도를 풀어둔다.

2 물이 스며들도록 작품을 완전히 담근 뒤 가볍게 주물러 빨아 실의 유분을 제거한다.

3 작품을 주무르고 물에 담갔다가 다시 주무르는 작업을 반복한 뒤 서서히 빵을 반죽하듯 꽉 주무른다.

4 원단처럼 촉감이 뻣뻣해지면 섬유를 서로 비벼준다. 덜 줄어든 부분이 있다면 중점적으로 비벼서 고르게 만든다.

5 15~20 분 정도 펠팅하고 원하는 정도로 줄어들면 2~3 번 헹군다.

6 세탁기로 탈수하고 모양을 가지런히 정돈한 뒤 수건 위에 뉘어서 말린다.

세탁기로 펠팅하기

펠팅 작업은 세탁기로도 할 수 있습니다. 순서는 다음과 같습니다.
① 표준 세탁 코스에 사용하는 세제의 3 분의 1 정도의 양을 세탁기에 넣은 뒤 촘촘한 세탁망에 작품을 넣는다. 세탁 코스를 12 분으로 맞추고 2~3 회 세탁한다 (※통돌이 세탁기의 경우, 헹굼 및 탈수 코스는 생략하고 세탁 코스만 반복한다. 중간에 세탁을 잠시 멈추고 작품을 꺼내 펼친 뒤 모양을 정돈하거나 말려 있는 테두리를 펴거나 접는 법을 바꿔서 조정한다. 원하는 만큼 줄어들었다면 세탁을 마쳐도 된다. 고르게 줄어들지 않았다면 덜 줄어든 부분을 손세탁 펠팅 방법으로 줄인다).
② 그대로 헹굼 및 탈수 코스를 실행한다 (탈수는 울 코스가 아닌 일반 코스로 확실하게 실행한다).
③ 모양을 정돈한 뒤 수건 위에 뉘어서 말린다. 덜 마른 상태에서 스팀 다림질을 해두면 쉽게 모양을 정돈할 수 있다.

세탁기를 사용하면 세탁 중에 확인하고 조정해야 해서 번거롭긴 하지만 큰 작품을 펠팅하는 경우에는 매우 편리합니다.

How to knit

작품 뜨는 법

◎ 재료란에 「알라포스로피 화이트 51(white)」와 같이 쓰여 있는 경우 「51」은 실 색상 번호,
「white」는 색상의 정식 명칭입니다.

◎ 기재된 치수 중 특별히 지정되지 않은 한, 단위는 모두 cm(센티미터) 입니다.

◎ 이 책의 작품은
알라포스로피 울 100%／ 1 볼 100g (100m)
레트로피 울 100%／ 1 볼 50g (100m)
을 사용하고 있습니다. 실에 대한 정보는 마지막 페이지를 참고하세요.

◎ 「도구」중 줄바늘로 지정된 작품은 매직루프 방법으로 떴으나,
5(4) 개 세트 대바늘을 사용하는 등 다른 방법으로도 뜰 수 있습니다.
원하는 방법으로 뜨개질하세요. 매직루프 뜨는 법은 p.49 를 참고하시길 바랍니다.

A and B 양치기 스웨터

아이슬란드 양모로 뜬 데일리 스웨터 / 릴랙스 스웨터

Photo : Page 8/9

※ 이하 A 는 ⓐ, B 는 ⓑ

[재료]
ⓐ 알라포스로피
　라이트 베이지 85 (oatmeal heather) 680g
ⓑ 레트로피
　화이트 51 (white) 530g

[도구]
ⓐ 14 호, 8 호 80cm 줄바늘, 코바늘 8/0 호
ⓑ 8 호 80cm 줄바늘, 코바늘 8/0 호

[게이지 (10 × 10cm)]
ⓐ 메리야스뜨기 13 코 × 18 단 (14 호 대바늘)
ⓑ 메리야스뜨기 18 코 × 24 단 (8 호 대바늘)

[완성 치수]
ⓐ 허리둘레 108cm, 길이 60.5cm,
　소매길이 73cm
ⓑ 허리둘레 116cm, 길이 59.5cm,
　소매길이 75cm

[뜨는 법]
실은 모두 1 가닥으로 뜬다.
각 부분에 사용하는 바늘은 제도 참조.

◎ 목둘레에서 몸판의 암홀 부분까지
: 손가락에 실을 걸어서 시작코를 만든 뒤 메리야스뜨기로 목둘레를 원통형으로 뜬다.
「요크」의 도안을 참고하여 어깨의 앞뒤에서 늘림코를 하면서 메리야스뜨기로 요크를 원통형으로 뜬다. 앞뒤 몸판은 각각 메리야스뜨기로 왕복해서 뜬다 (다 뜨면 실은 자른다). 어깨의 좌우 8 코씩은 쉬어둔다.

◎ 몸판이 이어지는 부분
: 별도 사슬 시작코를 2 개 만들고, 별도 사슬 ①의 중앙 (옆선 중심)에서 4 코, 몸판, 별도 사슬②에서 8 코, 몸판, 별도 사슬①에서 4 코의 순으로 코를 주운 뒤 몸판이 이어지는 부분을 메리야스뜨기로 다시 원통형으로 뜬다.

◎ 밑단・테두리
:「밑단・테두리」의 도안을 참고하여 앞뒤 몸판의 밑단과 테두리를 각각 메리야스뜨기와 가터뜨기로 왕복해서 뜬다. 여덟째 단 이후는 왼쪽 가장자리의 테두리만을 왕복하여 뜨면서 밑단의 코를 함께 뜨고 테두리를 밑단에 떠서 연결해 나간다. 마지막은 안면을 보며 좌우 테두리를 메리야스 잇기한다.

◎ 소매
: 옆선 중심에서 겨드랑이 거싯 4 코, 몸판, 어깨의 쉼코 8 코, 몸판, 남은 겨드랑이 거싯 4 코의 순으로 코를 주운 뒤 소맷단에서 줄임코를 하며 메리야스뜨기를 원통형으로 뜬다. 소맷부리는 메리야스뜨기를 증감 없이 뜬 뒤 코바늘 8/0 호로 덮어씌워 코막음한다.

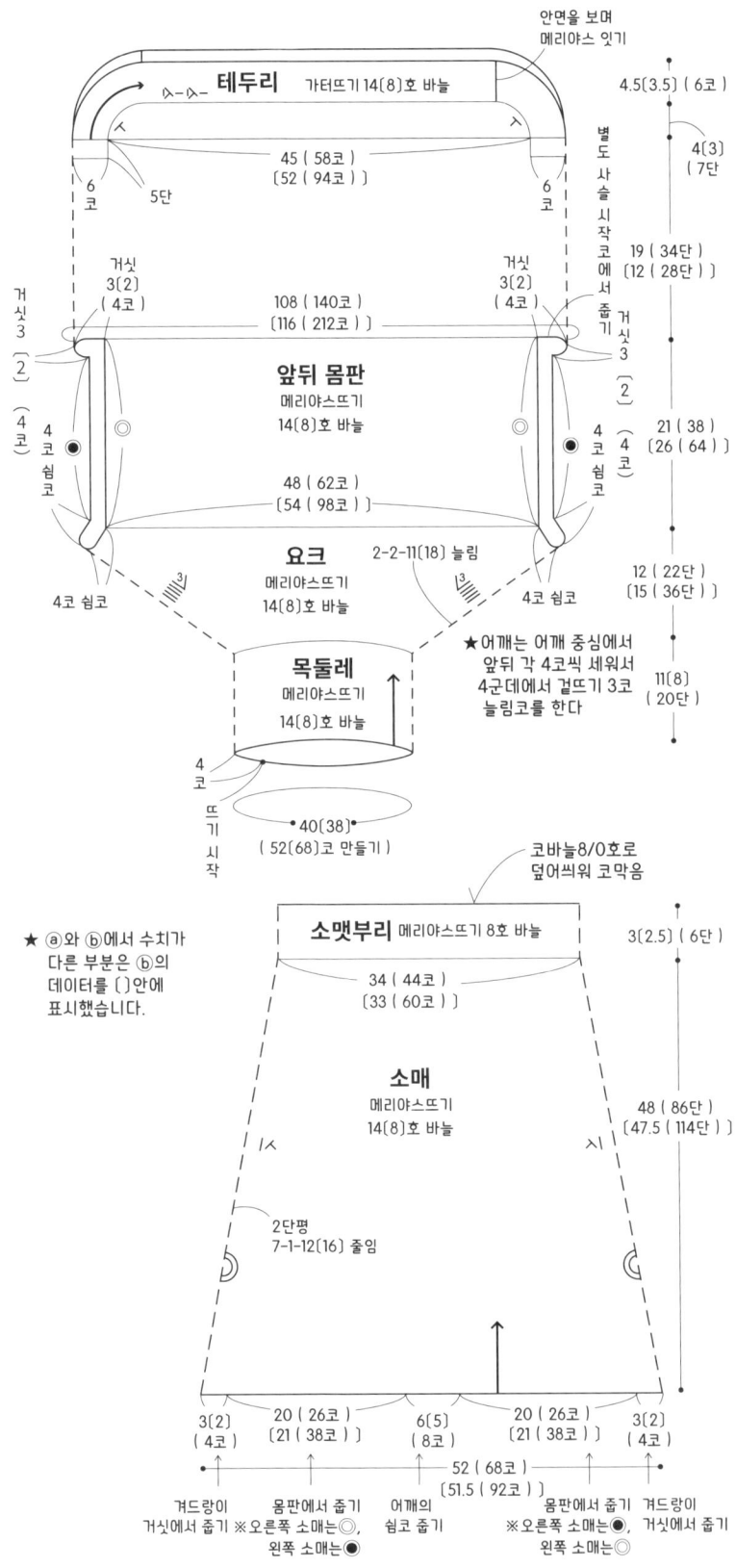

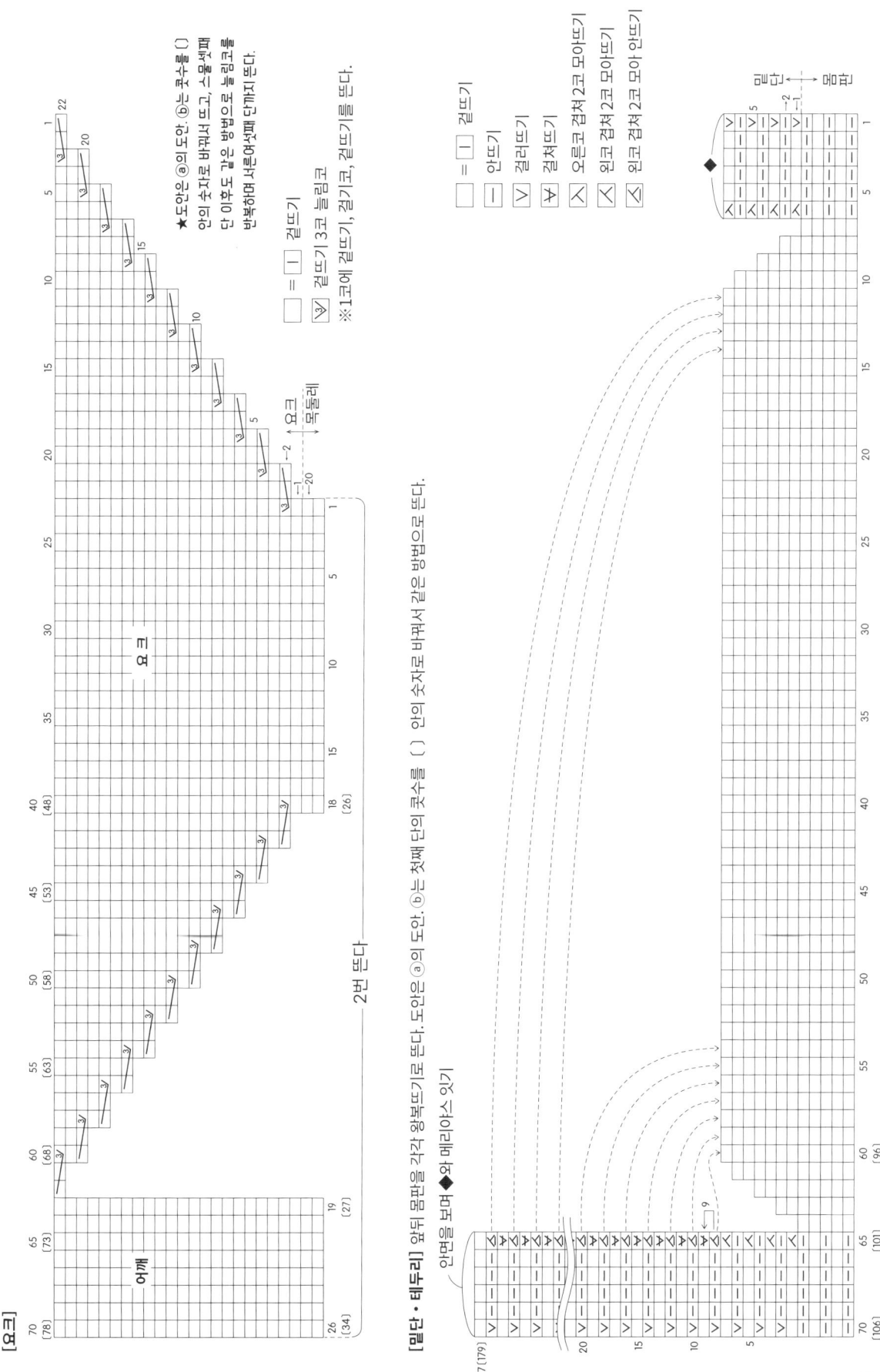

양치기 베스트

아르티장 베스트 ~ 레이어드해서 입어도 움직이기 쉬운 '일하는 사람'을 위한 펠트 베스트

Photo : Page 10

[재료]
알라포스로피
다크 그레이 58(dark grey heather)
450g
지름 2cm 단추 1개

[도구]
14호 80cm 줄바늘
(또는 4개 세트 대바늘)
코바늘 8/0호

[게이지 (10 × 10cm)]
메리야스뜨기 (펠팅 전) 13코 × 18단
(14호 바늘)

[완성 치수]
펠팅 전 : 허리둘레 102cm, 길이 61.5cm
펠팅 후 : 허리둘레 94cm, 길이 52cm

[뜨는 법]
실은 모두 1가닥으로 뜬다.

◎ **목둘레에서 요크까지** : 손가락에 실을 걸어서 시작코를 만든 뒤 메리야스뜨기로 목둘레를 원통형으로 뜬다. 도안을 참고하여 어깨의 앞뒤에서 늘림코를 하면서 메리야스뜨기로 요크를 원통형으로 뜬 뒤 마지막 단에서 어깨의 좌우 8코씩은 덮어씌워 코막음한다.

◎ **몸판·밑단** : 요크에서 이어서 뒤 몸판을 암홀 부분까지 메리야스뜨기로 왕복하여 뜬다. 실은 자르지 않고 쉬어두고, 새로 실을 이어 앞 몸판을 암홀까지 메리야스뜨기로 왕복하여 뜬 뒤, 실을 자른다. 뒤 몸판의 실로 앞 몸판을 계속 이어서 뜬 뒤 앞뒤 몸판의 아래쪽을 메리야스뜨기로 원통형으로 뜬다.
밑단은 가터뜨기로 뜬 뒤 코바늘 8/0호로 덮어씌워 코막음한다.

◎ **주머니** : 손가락에 실을 걸어서 시작코를 만들어 메리야스뜨기로 왕복해서 뜬 뒤 도안을 참조해서 줄임코를 하고, 코바늘 8/0호로 덮어씌워 코막음한다.

◎ **「마무리하는 법」**을 참고하여 펠팅해서 마무리한다.

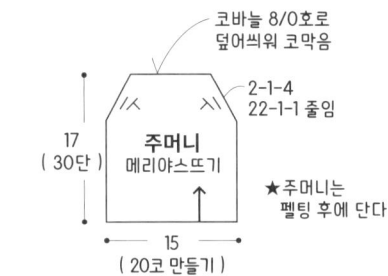

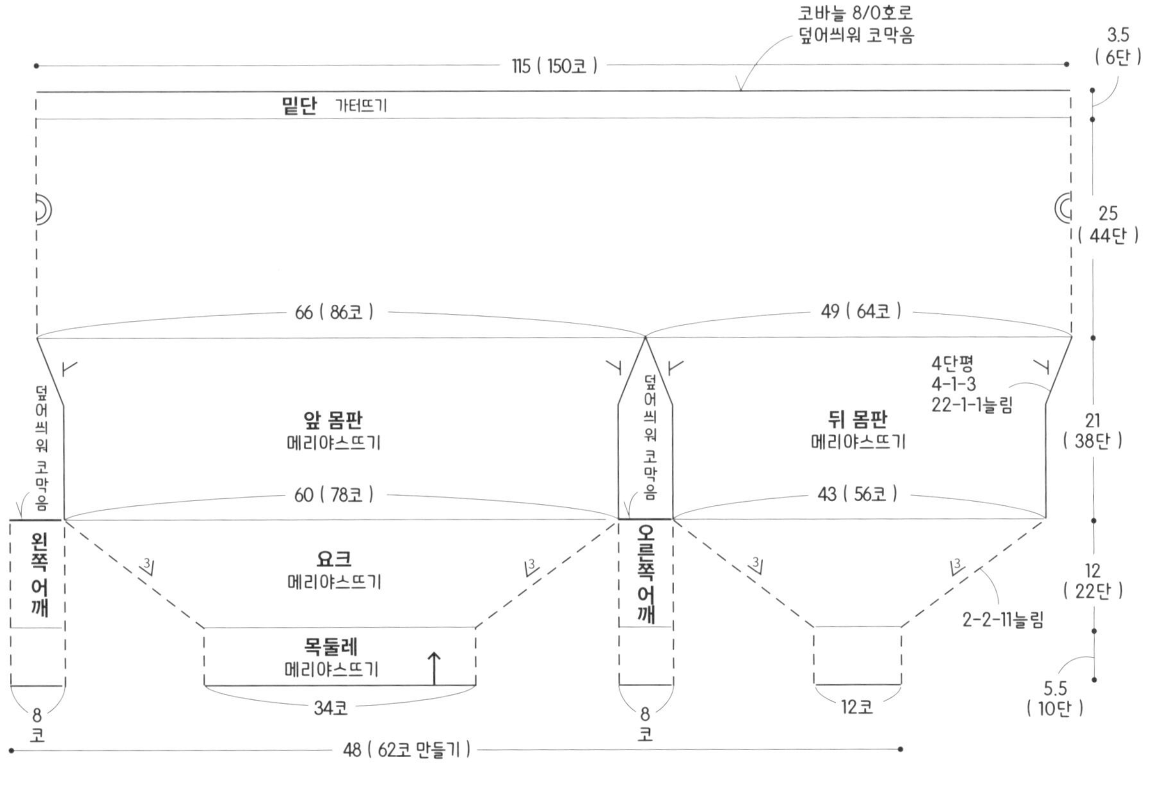

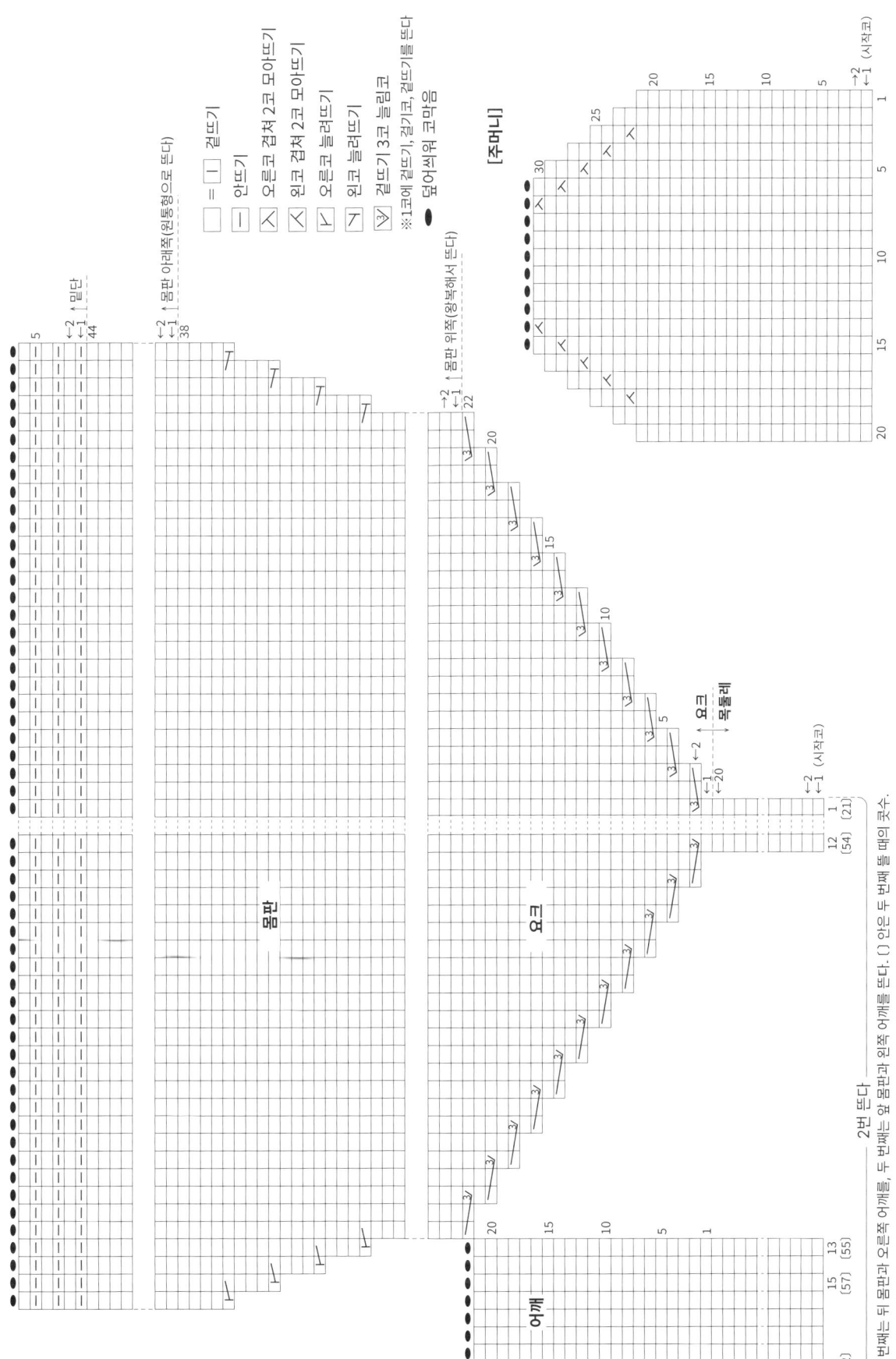

[마무리하는 법]

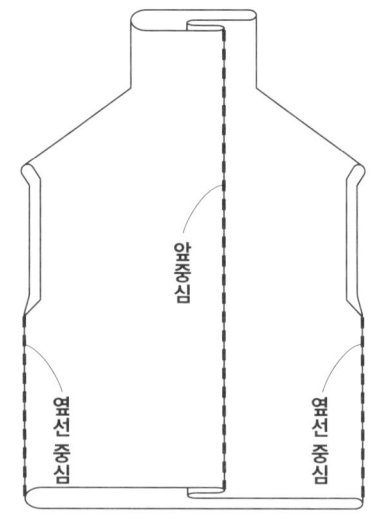

① 실 정리가 끝나면 펠팅 이후의 작업이 더 편하도록 본체의 앞중심과 좌우의 옆선 중심에 시침질을 해둔다.

② 본체와 주머니를 세탁기 또는 손세탁으로 펠팅한다.
※자세한 방법은 p.52 참조.

〈펠팅 후의 사이즈〉

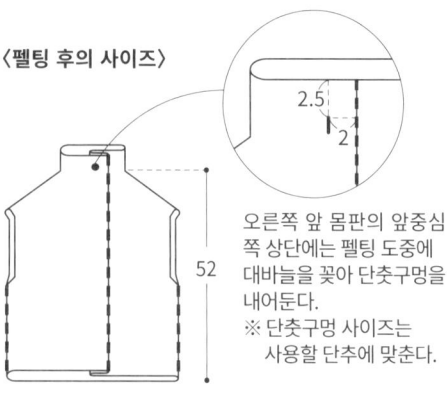

오른쪽 앞 몸판의 앞중심 쪽 상단에는 펠팅 도중에 대바늘을 꽂아 단춧구멍을 내어둔다.
※ 단춧구멍 사이즈는 사용할 단추에 맞춘다.

그림은 작품의 완성 사이즈. 줄이는 정도에 따라 원하는 사이즈로 조정 가능하다.
※ 주머니가 살짝 비뚤게 달리더라도 그 또한 나름의 멋이 되므로 주머니의 사이즈나 모양에 크게 신경 쓰지 않도록 한다.

③ 모양을 정돈하고 완전히 마를 때까지 뉘어서 말린다.
※ 다 말리고 나서 스팀 다림질을 해두면 한결 더 깔끔하게 마무리할 수 있다.

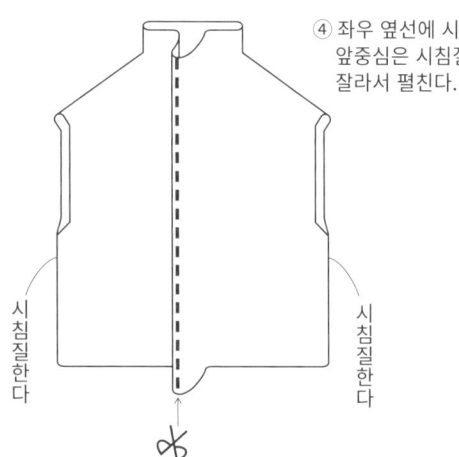

④ 좌우 옆선에 시침질하고 앞중심은 시침질선을 따라 잘라서 펼친다.

⑤ 오른쪽 앞 몸판에 주머니를 감침질로 단다.

⑥ 단춧구멍에 뜨개실로 버튼홀 스티치를 한다.

⑦ 왼쪽 앞 몸판의 상단에 단춧구멍 위치와 맞춰서 단추를 단다.

58

양치기 재킷

아르티장 재킷 ~ 겨울 추위와 찬 바람도 확실하게 막아주는 펠트 재킷

Photo : Page 12

[재료]
알라포스로피
블랙 헤더 5(black heather) 750g

[도구]
14 호 80cm 줄바늘
코바늘 8/0 호

[게이지 (10 × 10cm)]
메리야스뜨기 (펠팅 전)
13 코 × 18 단 (14 호 바늘)

[완성 치수]
펠팅 전 : 허리둘레 129cm,
         소매길이 76cm, 길이 63cm
펠팅 후 : 허리둘레 120cm,
         소매길이 73cm, 길이 56cm

[뜨는 법]

실은 모두 1 가닥으로 뜬다 .

◎ **목둘레에서 몸판까지** : 뜨는 법은 「양치기 스웨터」ⓐ(→ p.54)와 같다 . p.54 ~ 55 의 뜨는 법을 참조한다 (목둘레를 10 단으로 바꾸고 앞 몸판 쪽 요크의 시작코 콧수를 18 코에서 46 코로 바꾼다).

◎ **밑단** : 가터뜨기로 뜬 뒤 코바늘 8/0 호로 덮어씌워 코막음한다 .

◎ **소매** : 「양치기 스웨터」ⓐ와 공통 . p.54 를 참조한다 .

◎ **마무리** : 펠팅에서 앞여밈단의 마무리까지는 「양치기 베스트」와 같다 . p.58 의 「마무리하는 법」을 참조한다 (단추는 달지 않는다).

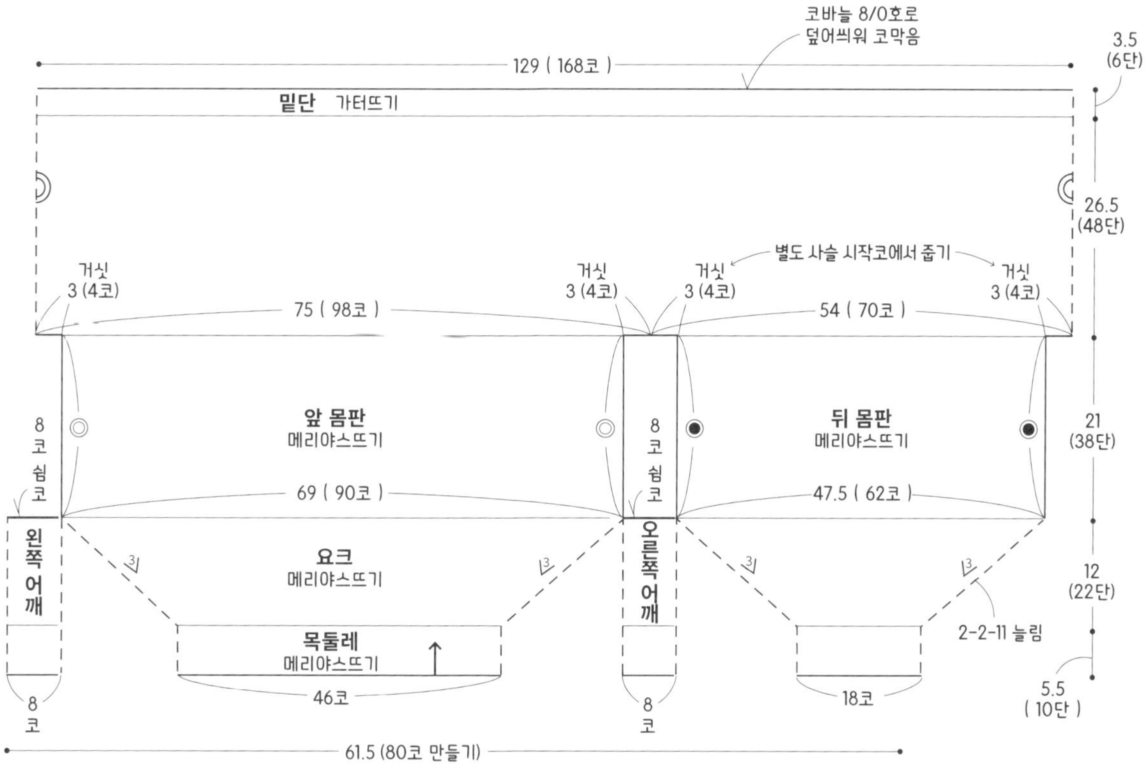

E and F

양치기 원피스 & 코트
포근한 양모가 몸을 감싸주는 옷 / 노마드 코트

Photo : page 14/16

※ 이하 E는 ⓐ, F는 ⓑ

[재료]
레트로피
ⓐ 모카 85(oatmeal heather) 950g
ⓑ 화이트 51(white) 950g
  브로치 1개(※ⓐ만)

[도구]
8호·6호 80cm 줄바늘
코바늘 6/0호

[게이지 (10×10cm)]
메리야스뜨기 (펠팅 전)
18코 × 24단(8호 바늘)

[완성 치수]
ⓐ 허리둘레 138cm(전체 길이) / 118cm(다트를 고정한 상태),
  소매길이 90cm, 길이 127cm
ⓑ 허리둘레 118cm, 소매길이 78cm, 길이 112cm

[뜨는 법]
실은 모두 1가닥으로 뜬다.
◎ **목둘레에서 몸판까지** : 뜨는 법은 「양치기 스웨터」ⓑ(→ p.54)와 같다.
p.54~55의 뜨는 법을 참조한다(목둘레를 10단으로 바꾸고, 앞 몸판 요크의 시작코 콧수를 26코에서 62코로 바꾼다). 몸판의 길이는 취향에 따라 조정한다.
◎ **밑단** : 6호 바늘로 가터뜨기를 원통형으로 뜬 뒤, 코바늘 6/0호로 덮어씌워 코막음 한다.
◎ **소매** : 「양치기 스웨터」ⓑ와 공통. p.54를 참조한다.
◎ ⓐ는 「마무리하는 법」을 참조하는데, 앞 몸판의 다트는 자유롭게 어레인지한다.
ⓑ는 「양치기 베스트」와 같은 방법으로 펠팅한 뒤 앞여밈단을 마무리하여 완성한다
(→ p.58 / 단추는 달지 않는다).

[마무리하는 법]
① 10cm 접어 다트를 넣는다
② 목둘레 아랫부분을 브로치로 고정한다

[테두리 뜨는 법]
□ = | 겉뜨기
─ 안뜨기
● 안뜨기로 덮어씌워 코막음

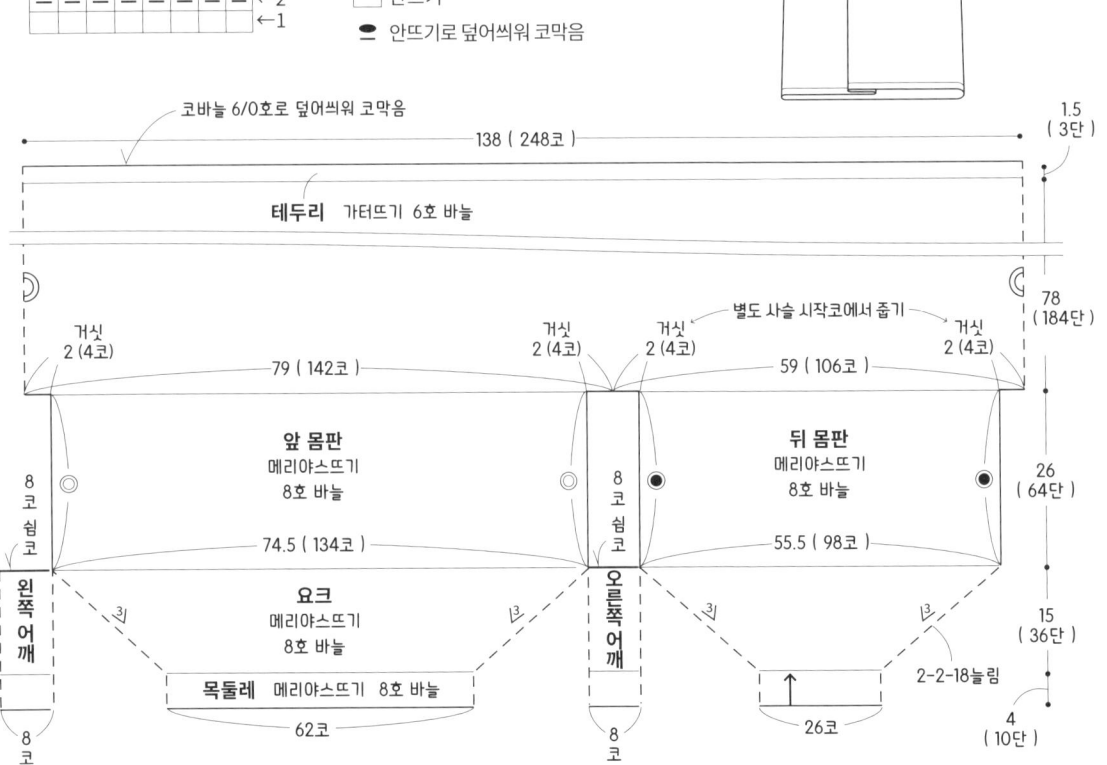

Tempo andante 카디건

안단테 (걷는 속도로) 의 리듬으로 무늬를 그리는 카디건

Photo : Page 32

[재료]
레트로피
화이트 51(white)   450g
블랙   52(black sheep)   100g
지름 12mm 단추 5 개

[도구]
8 호 · 6 호 80cm 줄바늘
코바늘 7/0 호

[게이지 (10 × 10cm)]
스킵무늬 17 코× 26 단(8 호 바늘)

[완성 치수]
가슴둘레 130cm, 길이 64cm,
소매길이 70.5cm

[뜨는 법]
실은 모두 1 가닥으로 뜬다 . 각 부분 모두 긴 줄바늘로 왕복해서 뜬다 .
무늬뜨기의 블랙은 사용하는 단마다 실을 잇고 다 뜨면 자른다 .

◎ **밑단에서 몸판까지** : 6 호 바늘 , 화이트로 손가락에 실을 걸어서 시작코를 만든 뒤 2 코 고무뜨기를 뜬다 . 8 호 바늘로 바꿔 무늬뜨기로 몸판을 뜬다 .
좌우 가장자리에서 목둘레의 줄임코를 한 뒤 암홀 시작 위치부터는 좌우의 앞뒤 몸판을 따로 뜬다 . 마지막은 뒤 몸판 중앙의 30 코를 목둘레용으로 별도의 실에 나눠 쉬어둔 뒤 좌우 어깨는 각각 코바늘 7/0 호로 빼뜨기 잇기한다 .

◎ **소매** : 6 호 바늘 , 화이트로 손가락에 실을 걸어서 시작코를 만든 뒤 2 코 고무뜨기를 왕복해서 뜬다 . 8 호 바늘로 바꿔 첫째 단에서 늘림코를 한다 . 소맷단에서 늘림코를 하면서 무늬뜨기로 마지막까지 뜬 뒤 화이트로 덮어씌워 코막음한다 .

◎ **앞여밈단** : 6 호 바늘 , 화이트로 오른쪽 앞 몸판의 아랫부분에서 어깨까지 코줍기를 해서 뒤 몸판 목둘레의 쉼코를 뜬 뒤 왼쪽 앞 몸판의 어깨에서 아랫부분까지 코줍기를 한다 . 2 코 고무뜨기로 앞여밈단을 왕복해서 뜨고 , 오른쪽 앞 몸판 쪽에는 단춧구멍을 만든다 .

◎ **마무리** : 소맷단을 꿰매고 몸판 암홀에 소매를 꿰매어 단 뒤 앞여밈단의 왼쪽 앞 몸판 쪽에 단춧구멍과 위치를 맞춰서 단추를 단다 .

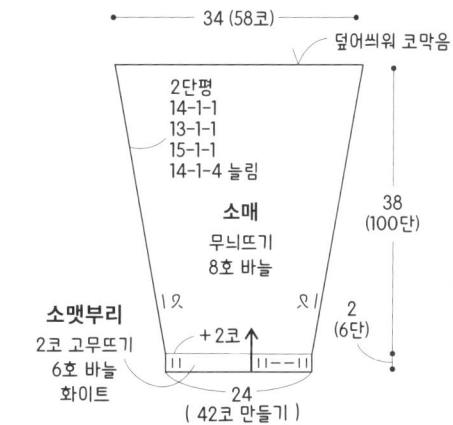

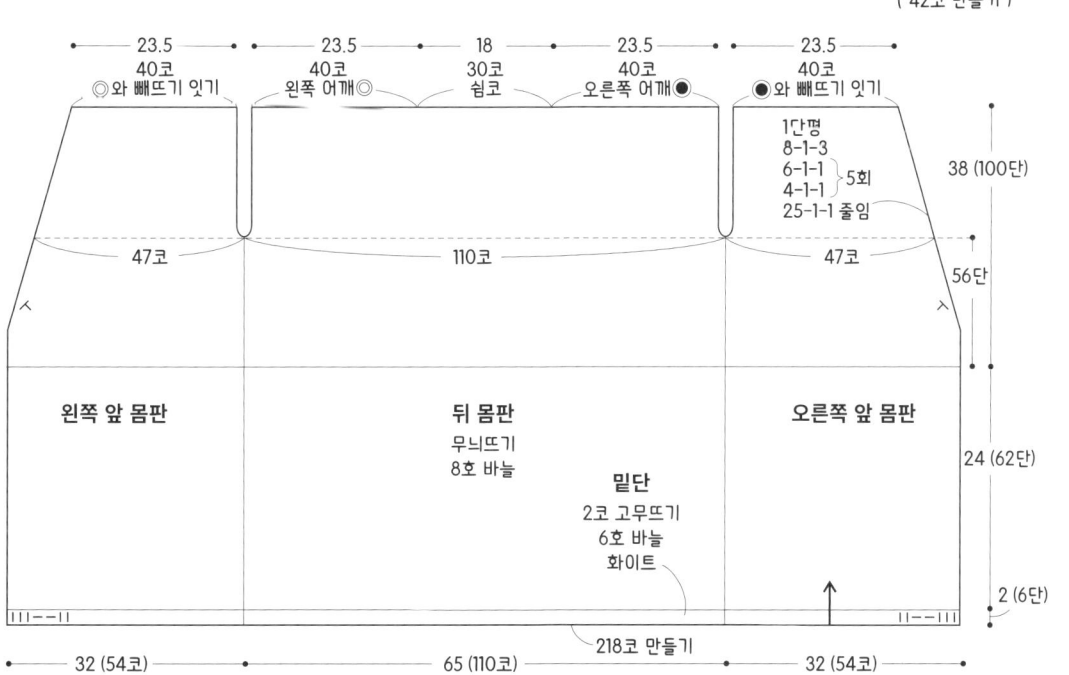

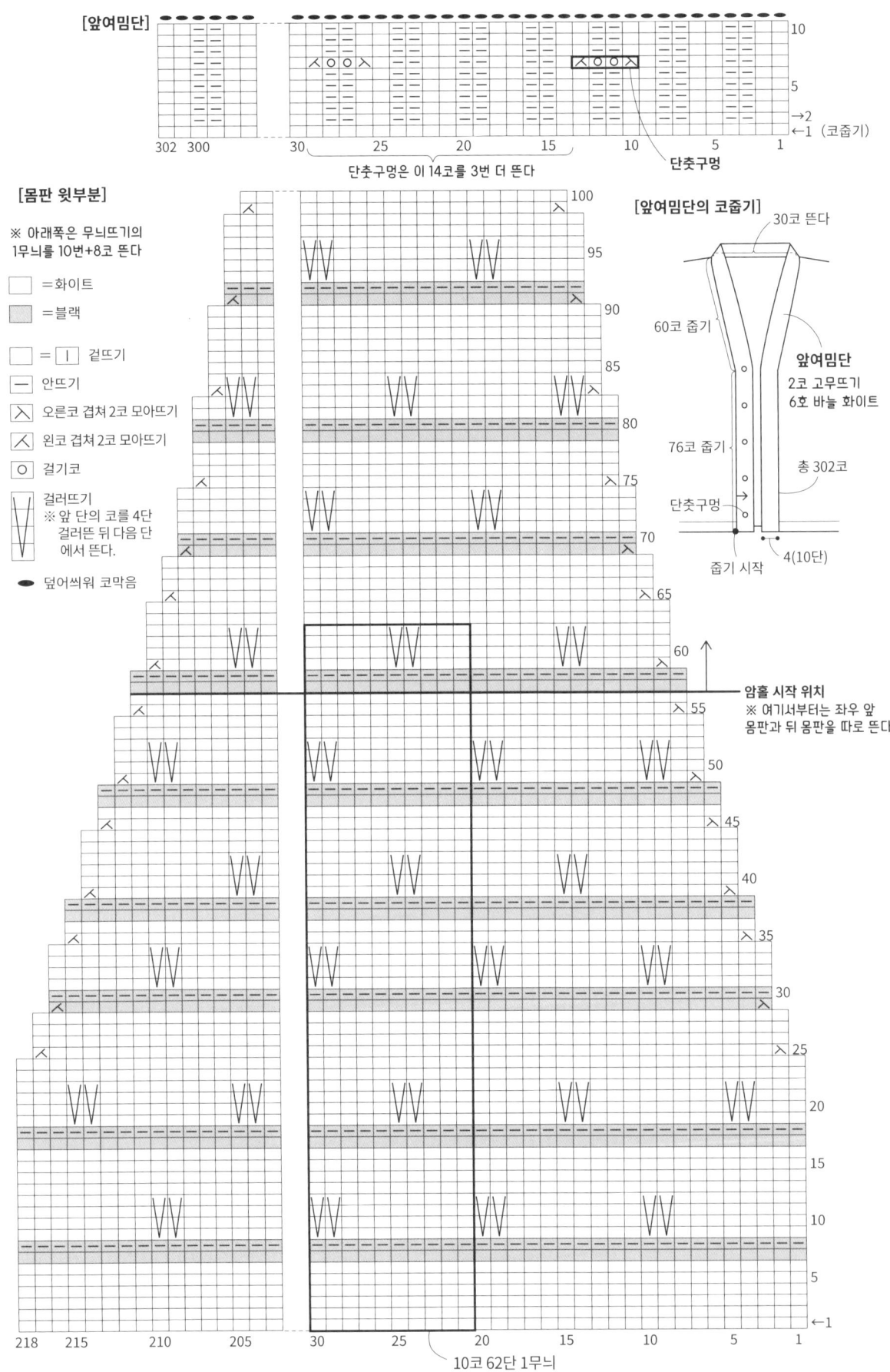

[소매]

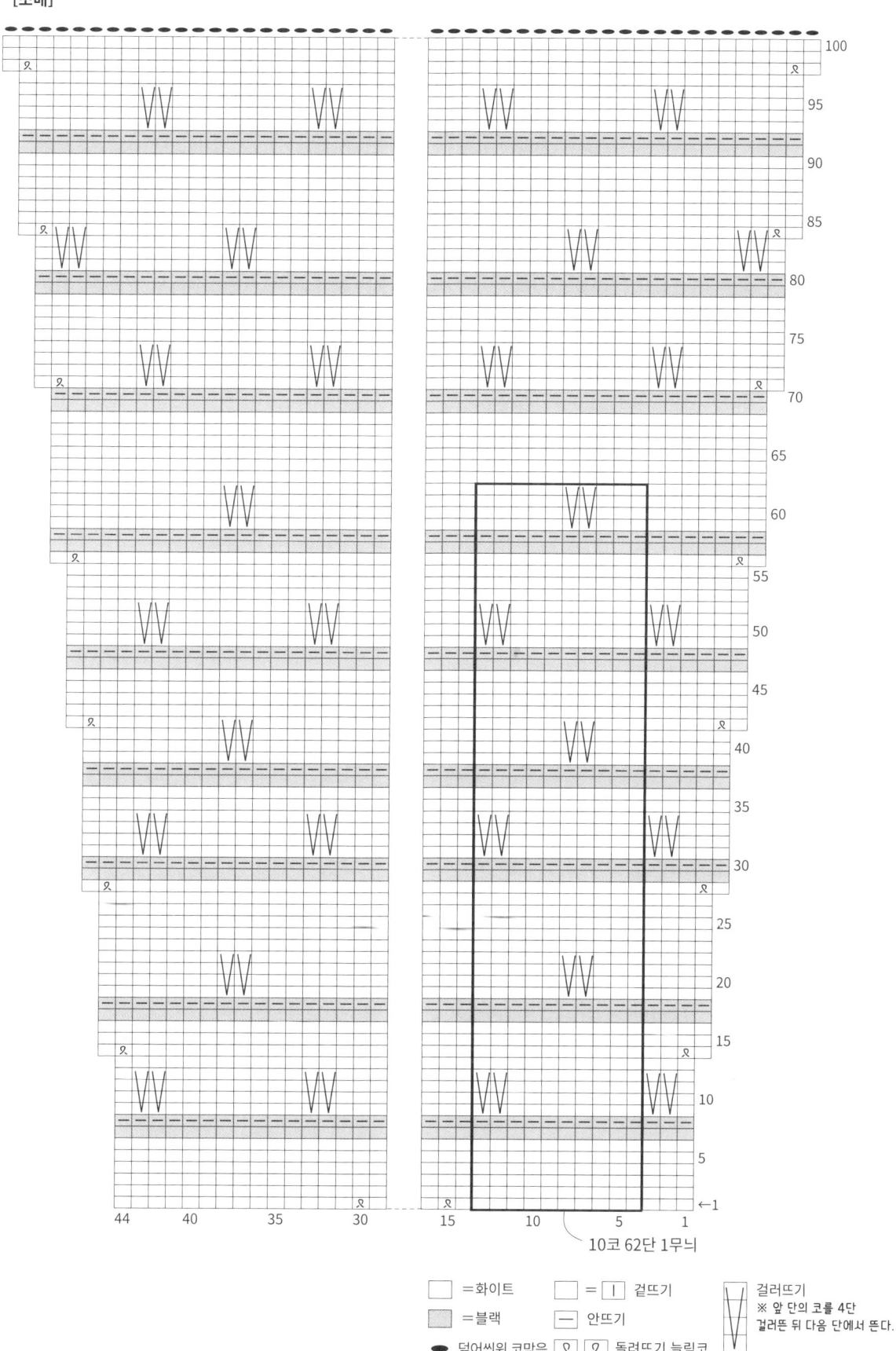

Tempo adagio 스웨터
아다지오 (느리게) 리듬으로 무늬를 그리는 라운드 요크 스웨터

Photo : Page 34

[재료]
알라포스로피
그레이　57(grey heather)　560g
화이트　51(white)　60g

[도구]
14 호 · 8 호 80cm 줄바늘
(또는 4 개 세트 대바늘)

[게이지 (10 × 10cm)]
무늬뜨기　12.5 코× 18 단(14 호 바늘)
메리야스뜨기　13 코× 18 단(14 호 바늘)

[완성 치수]
가슴둘레 124cm, 소매길이 81cm,
길이 57cm

[뜨는 법]
실은 모두 1 가닥으로 뜬다 .
무늬뜨기의 화이트는 사용하는 단마다 실을 잇고 다 뜨면 자른다 .
◎ **밑단에서 몸판까지** : 8 호 바늘 , 그레이로 손가락에 실을 걸어서 시작코를 만든 뒤 변형 고무뜨기를 원통형으로 뜬다 . 14 호 바늘로 바꿔 메리야스뜨기로 몸판을 원통형으로 뜬다 . 마지막 단에서 좌우 겨드랑이의 거싯을 별도의 실에 옮기고 다 뜨면 쉬어둔다 .
◎ **소매** : 8 호 바늘 , 그레이로 손가락에 실을 걸어서 시작코를 만든 뒤 변형 고무뜨기를 원통형으로 뜬다 . 14 호 바늘로 바꿔 메리야스뜨기를 원통형으로 뜬다 . 첫째 단에서 균등하게 늘림코를 한다 . 소맷단에 좌우 2 코씩 세워서 늘림코를 하며 마지막까지 뜬다 . 겨드랑이 아래의 8 코는 거싯 분량으로 별도의 실에 옮겨둔다 .
◎ **요크** : 왼쪽 소매의 뒤 몸판 쪽에서 14 호 바늘 , 그레이로 왼쪽 소매→앞 몸판→오른쪽 소매→뒤 몸판 순으로 뜬 뒤 전체를 원통형으로 만든다 . 무늬뜨기로 요크를 뜬다 .
◎ **목둘레** : 8 호 바늘로 바꿔 그레이로 변형 고무뜨기를 원통형으로 뜬다 . 첫째 단에서 균등하게 줄임코를 한다 . 마지막은 앞 단의 돌려뜨기는 겉뜨기 , 안뜨기는 안뜨기로 뜨면서 덮어씌워 코막음한다 .
◎ **마무리** : 몸판과 소매의 겨드랑이 아래 거싯을 좌우 각각 메리야스 잇기한다 .

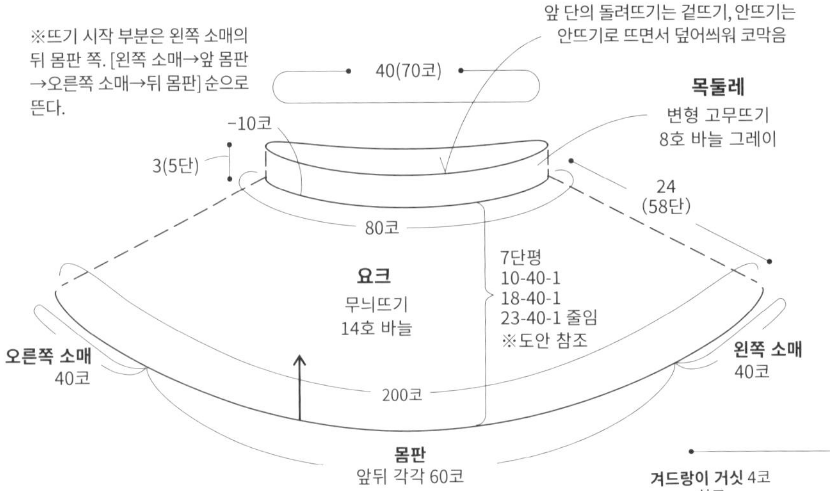

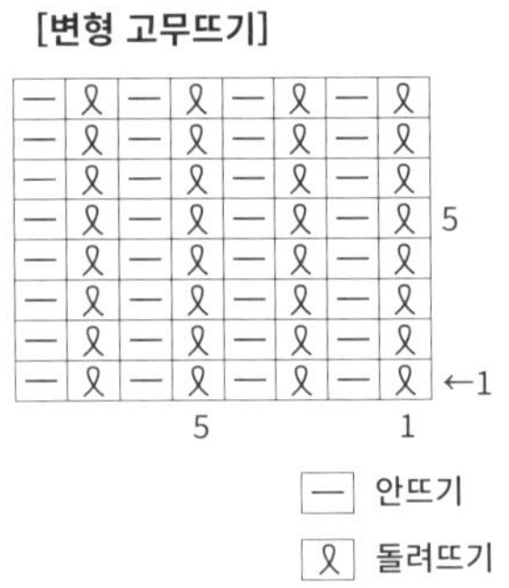

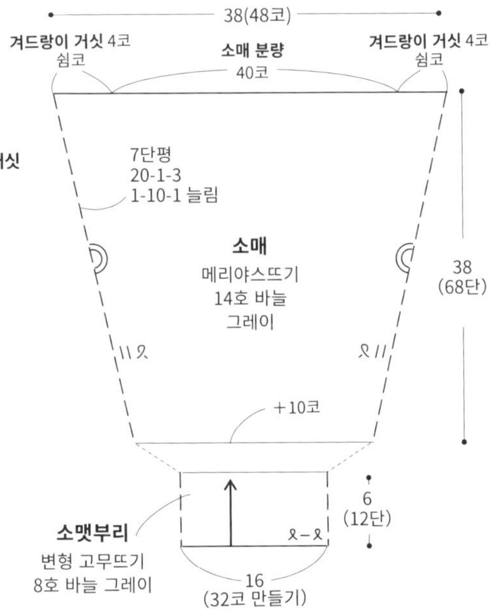

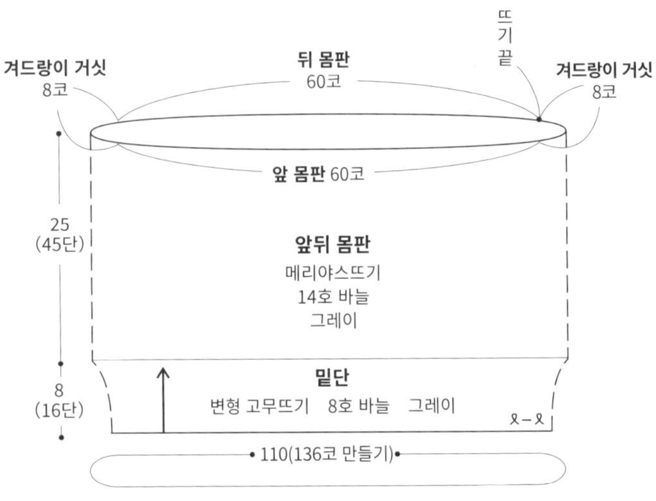

[요크의 무늬뜨기와 목둘레]

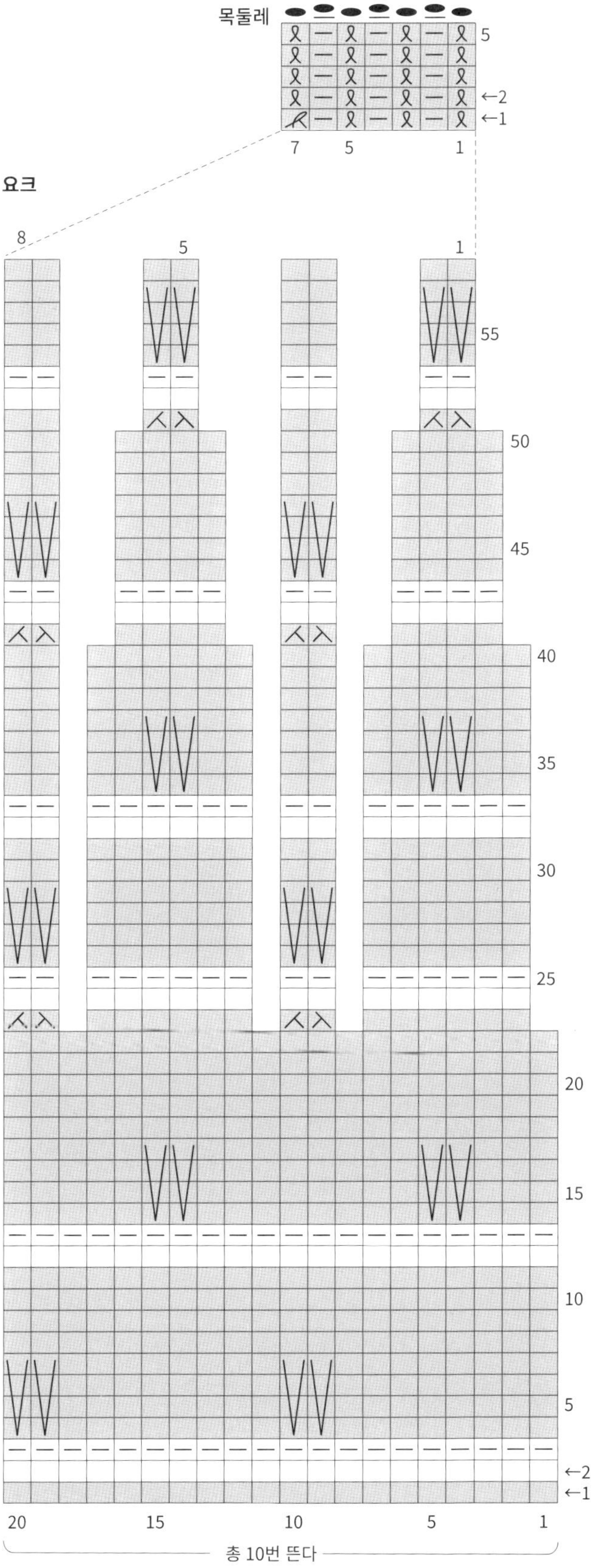

목둘레

요크

[소매 첫째 단의 늘림코]

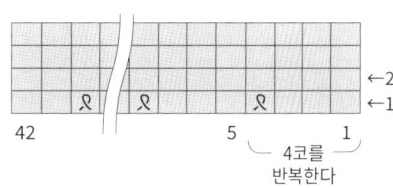

4코를 반복한다

[마무리하는 법]

겨드랑이 아래 거싯의 좌우 각 8코씩을 메리야스 잇기

= 그레이
= 화이트

= 겉뜨기
= 안뜨기
= 돌려뜨기
= 오른코 겹쳐 2코 모아뜨기
= 왼코 겹쳐 2코 모아뜨기
= 왼코 위 돌려 2코 모아뜨기
= 돌려뜨기 늘림코
= 걸러뜨기
※ 앞 단의 코를 4단 걸러뜬 뒤 다음 단에서 뜬다

= 덮어씌워 코막음
= 안뜨기로 덮어씌워 코막음

총 10번 뜬다

G 펠트 더비햇

밖으로 둥글게 젖혀진 브림 brim 가장자리가 귀여움을 더해주는 심플한 모자

Photo : Page 18

[재료]
레트로피
화이트 51(white) 65g

[도구]
8호 80cm 줄바늘(또는 4개 세트 대바늘)

[게이지 (10 × 10cm)]
메리야스뜨기(8호 바늘)
펠팅 전 : 17코 × 24단

[완성 치수]
펠팅 전 : 높이 17cm, 머리둘레 50cm
펠팅 후 : 도안 참조

[뜨는 법]
실은 모두 1가닥으로 뜬다.

◎ 손가락에 실을 걸어서 만드는 시작코로 140코를 만든 뒤 (바늘 2개를 모아 느슨하게 만든다) 메리야스뜨기를 원통형으로 뜬다.
도안을 참조하여 본체를 뜨고, 마지막은 남은 10코에 실 끝을 2번 통과시켜 조인다.

◎ p.52를 참조하여 펠팅한 뒤 모양을 정돈하고 말린다.

[완성 치수]

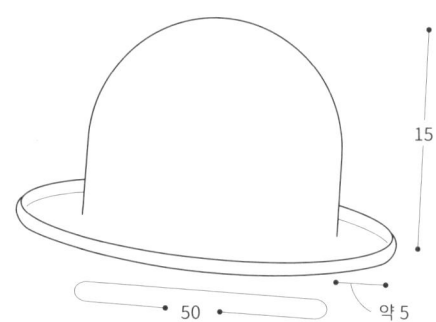

※ 펠팅 도중에 얼마나 줄어들었는지 확인하면서 적당한 사이즈로 마무리한다.

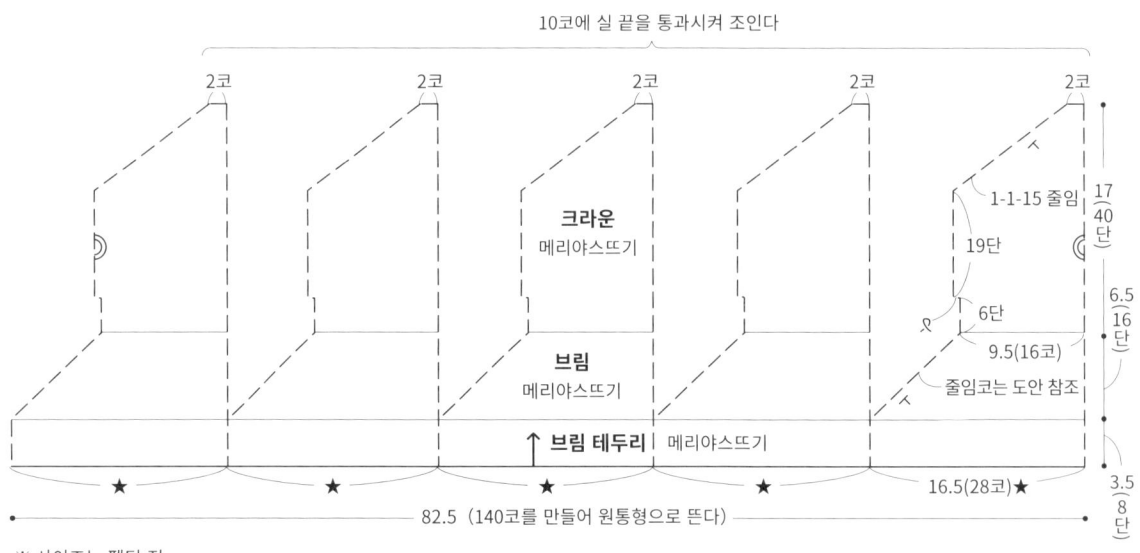

※ 사이즈는 펠팅 전.

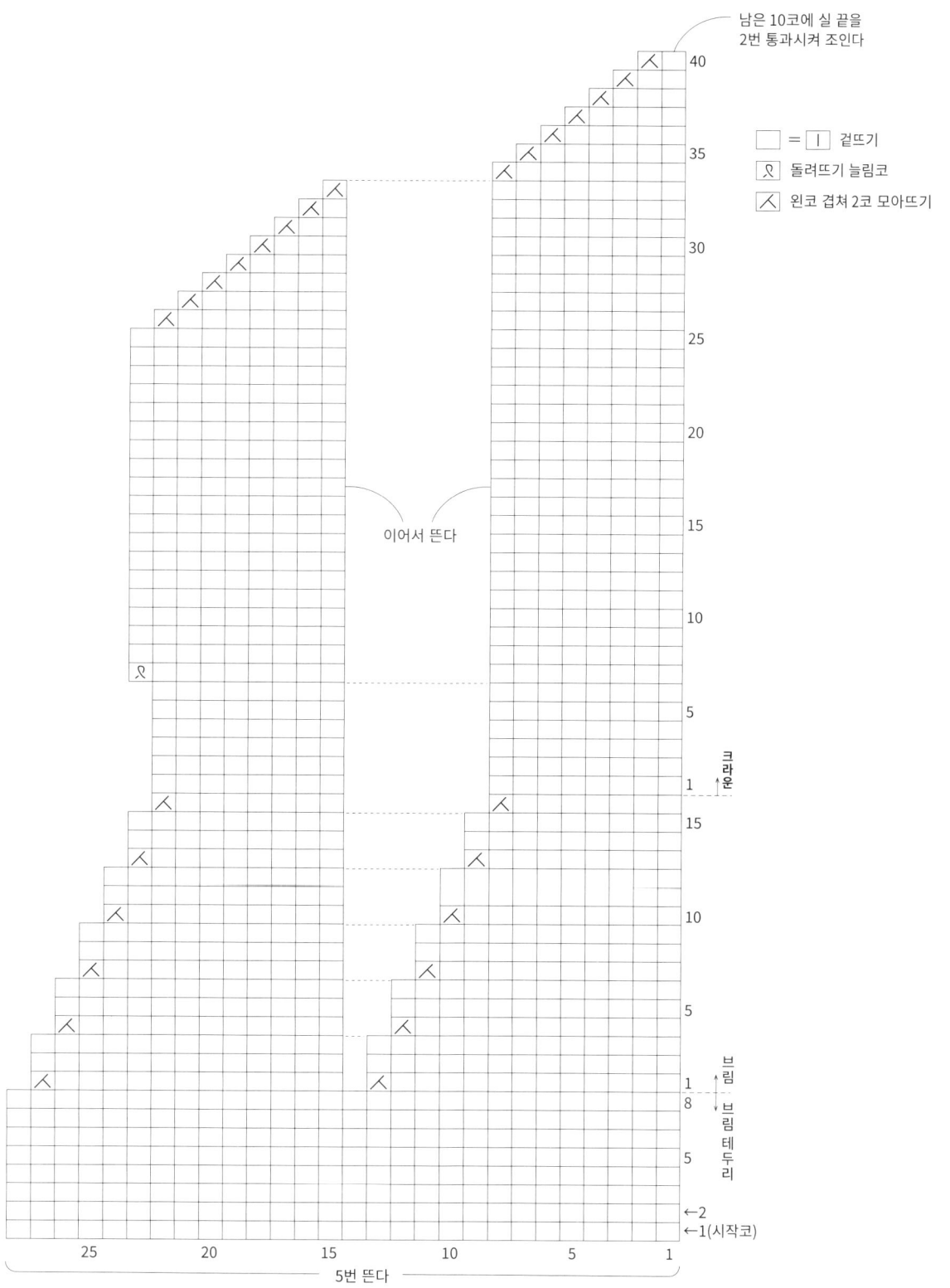

H 펠트 슬립온

줄이는 정도에 따라 다양한 사이즈로 완성할 수 있는 룸 슈즈

Photo : Page 20

[재료]
알라포스로피
화이트 51(white) 110g
입구용 별도 실 적당히 (로피와 비슷한 굵기의 줄어들지 않는 실. 면이나 마처럼 가느다란 실이라도 합사하여 사용할 수 있다)

[도구]
14호 80cm 줄바늘
코바늘 7/0호

[게이지 (10 × 10cm)]
메리야스뜨기(14호 바늘)
펠팅 전 : 13코 × 18단
펠팅 후 : 16코 × 28단

[완성 치수]
펠팅 전 : 폭 15.5cm, 길이 29cm
펠팅 후 : 폭 12.5cm, 길이 24〜25cm

[뜨는 법]
실은 모두 1가닥으로 뜬다.
◎ 발뒤꿈치 : 14호 줄바늘로 터키식 시작코를 6코 만든 뒤 매직루프 방법으로 늘림코를 하면서 메리야스뜨기를 원통형으로 뜬다 (시작코 만드는 법은 p.48, 매직루프 뜨는 법은 p.49 참조).
◎ 본체 : 증감 없이 메리야스뜨기를 원통형으로 뜬다. 입구 부분의 14코는 별도의 실을 떠 넣는다 (본체용 실을 쉬어두고 별도의 실로 뜬 뒤, 뜬 14코를 왼쪽 바늘에 다시 옮기고 본체용 실로 뜬다. 다 뜨면 그대로 계속 이어서 뜬다).
◎ 발가락 부분 : 메리야스뜨기를 계속 뜨면서 발등 쪽, 발바닥 쪽의 각각 좌우 가장자리에서 줄임코를 한다. 마지막은 남은 발등 쪽과 발바닥 쪽의 6코씩을 메리야스 잇기한다.
◎ p.52를 참조하여 펠팅한 뒤 모양을 정돈하고 말린다.
◎ 입구 마무리 : 별도의 실을 풀고 남은 코를 대바늘에 옮긴다. 뜨개실을 사용해서 옆선에서 코바늘 7/0호로 느슨하게 덮어씌워 코막음한다.

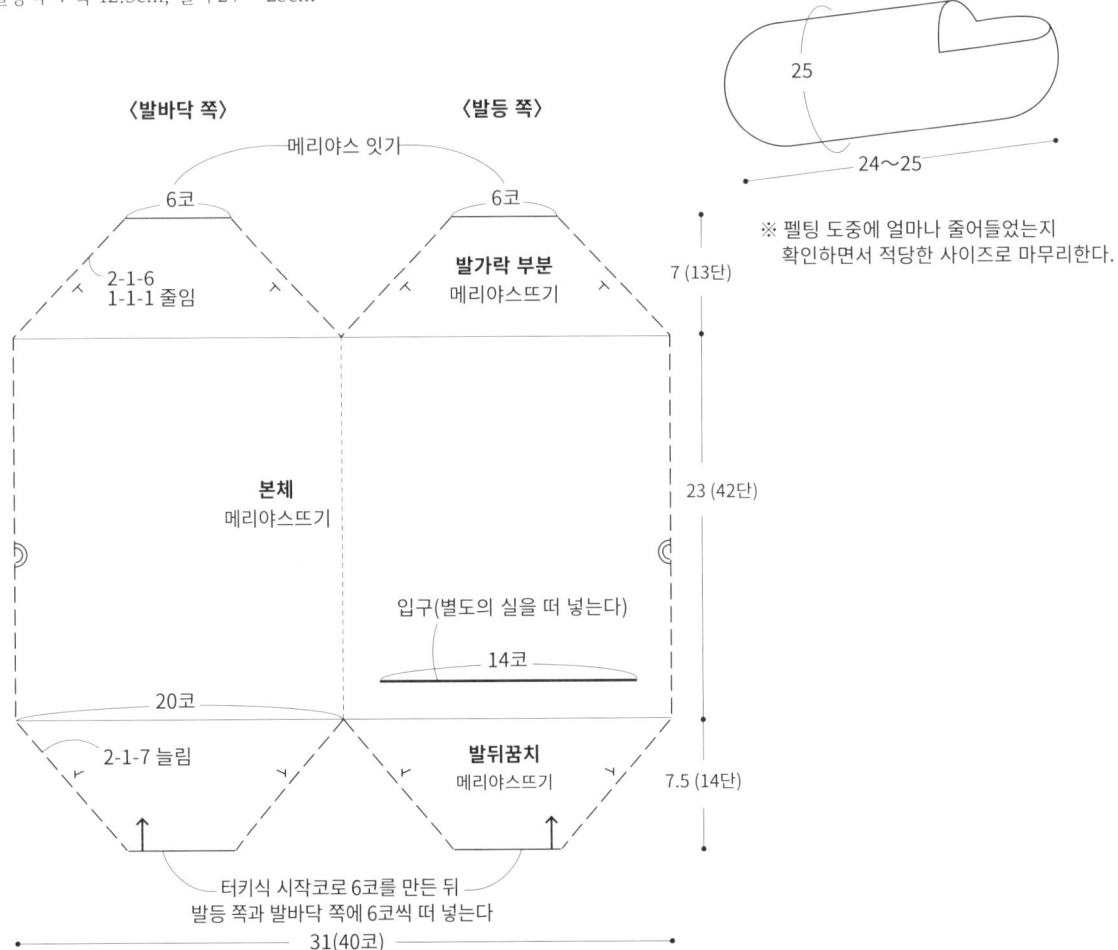

[완성 치수]

※ 펠팅 도중에 얼마나 줄어들었는지 확인하면서 적당한 사이즈로 마무리한다.

※ 사이즈는 펠팅 전.

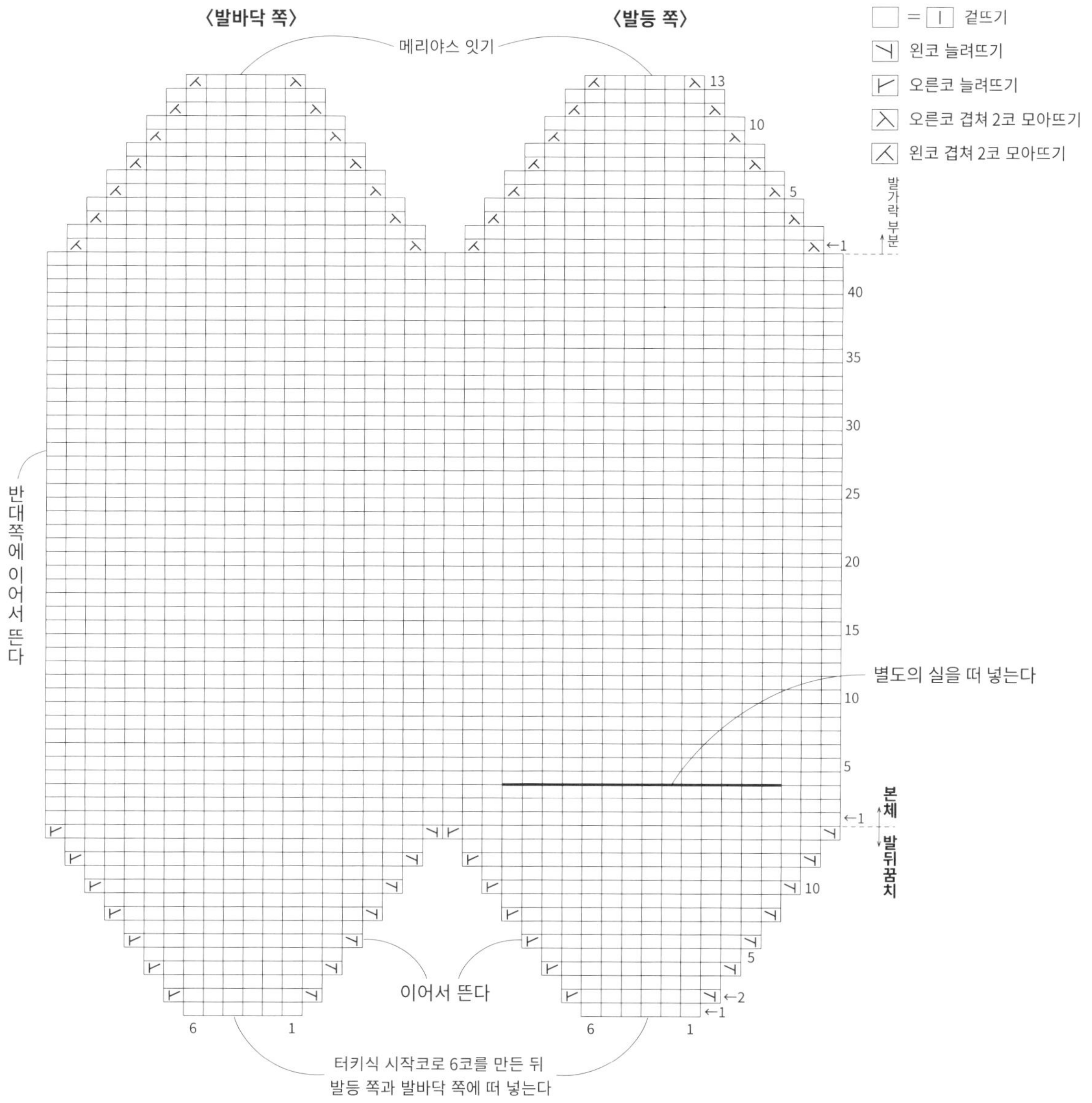

〈발바닥 쪽〉　메리야스 잇기　〈발등 쪽〉

□ = | 겉뜨기
⊼ 왼코 늘려뜨기
⊻ 오른코 늘려뜨기
⋋ 오른코 겹쳐 2코 모아뜨기
⋏ 왼코 겹쳐 2코 모아뜨기

발가락 부분

별도의 실을 떠 넣는다

본체 ↑
↓ 발뒤꿈치

반대쪽에 이어서 뜬다

이어서 뜬다

터키식 시작코로 6코를 만든 뒤 발등 쪽과 발바닥 쪽에 떠 넣는다

[입구 부분의 덮어씌워 코막음]

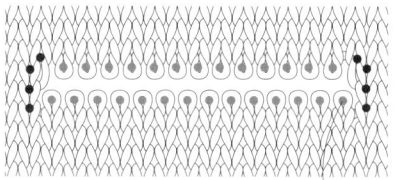

코막음 시작

① 별도의 실을 풀고 발가락 쪽과 발뒤꿈치 쪽의 코 (●의 코. 아래쪽 13코+위쪽 14코=27코)를 각각 다른 바늘의 끝부분에 건다.
② 「코막음 시작」 위치에서 코바늘 7/0호를 사용하여 뜨개실로 느슨하게 덮어씌워 코막음해 나간다. 좌우 옆선에서는 ●부분에 바늘 끝부분을 넣어 빼뜨기한다.

1. 쏟아지는 비를 닮은 리브 스웨터

쏟아지는 빗방울에 감싸인 듯한 느낌을 주는 스웨터

[재료]
레트로피
라이트 그레이 54(light ash heather) 420g

[도구]
8호 80cm 줄바늘
코바늘 8/0호

[게이지 (10 × 10cm)]
변형 고무뜨기 20코× 22단(8호 바늘)

[완성 치수]
가슴둘레 90cm, 소매길이 77cm,
길이 60cm

[뜨는 법]
실은 모두 1가닥으로 뜬다.

◎ 요크에서 몸판까지 : 8호 바늘로 손가락에 실을 걸어서 시작코를 만든 뒤 도안을 참조하여 요크 패턴 ⓐ(소매), ⓑ(몸판)를 조합해서 원통형으로 뜬다. 좌우 소매 분량의 뜨개코를 별도의 실에 옮겨서 쉬어둔 뒤 별도 사슬 시작코에서 겨드랑이 거싯 분량의 코를 주워 요크의 변형 고무뜨기를 계속 이어서 앞뒤 몸판을 원통형으로 뜬다. 마지막은 앞 단의 돌려뜨기는 겉뜨기, 안뜨기는 안뜨기로 뜨면서 덮어씌워 코막음한다.

◎ 소매 : 8호 바늘로 요크의 변형 고무뜨기를 계속 뜨면서 겨드랑이 거싯, 소매의 쉼코 순(왼쪽 소매일 때. 오른쪽 소매는 반대로 줍는다)으로 뜬다. 소매 뒤쪽에서 왼쪽 소매는 3코, 오른쪽 소매는 2코 세워서 줄임코를 하면서 변형 고무뜨기를 원통형으로 뜬다. 마지막은 앞 단의 돌려뜨기는 겉뜨기, 안뜨기는 안뜨기로 뜨면서 덮어씌워 코막음한다.

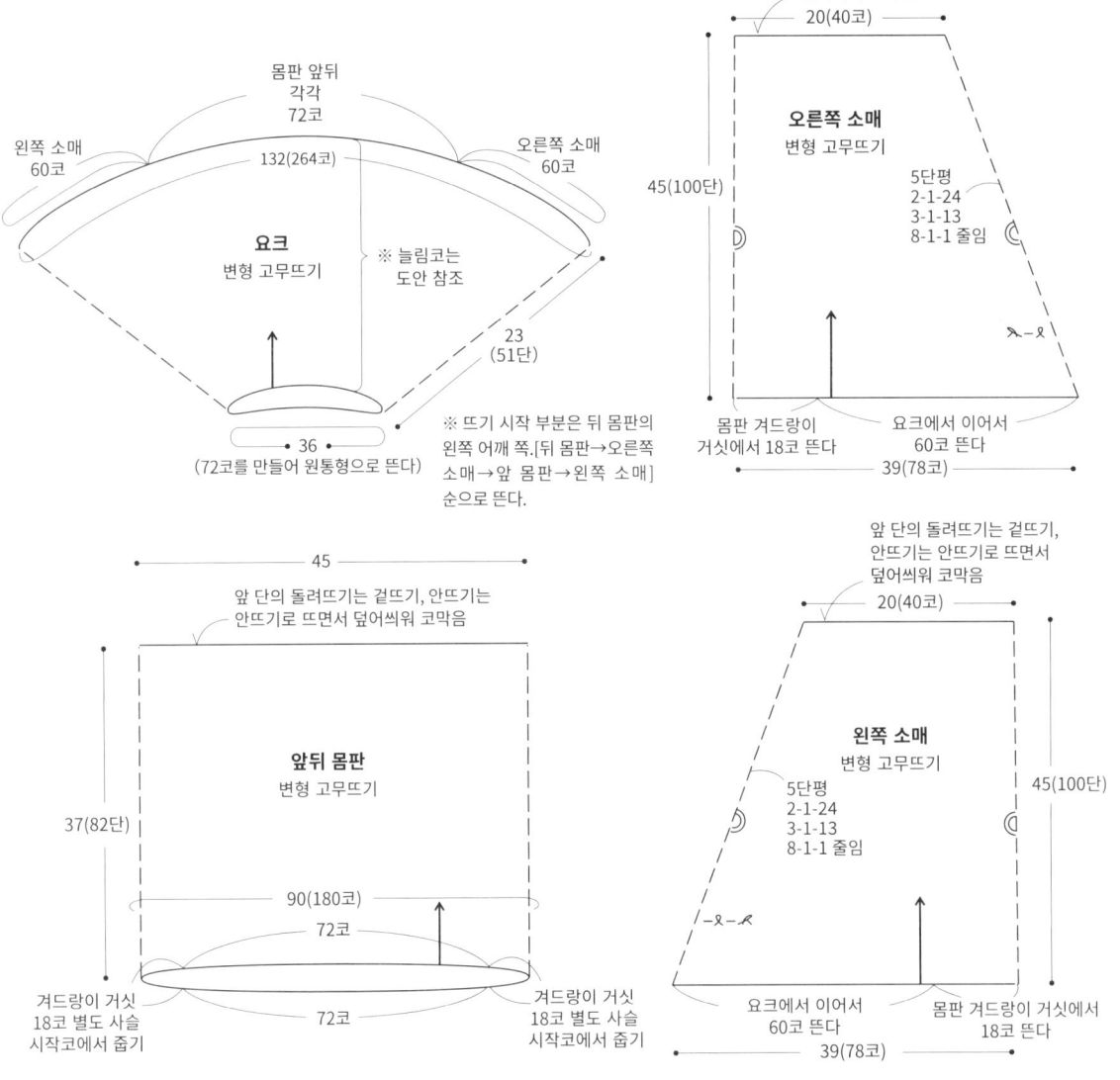

[요크]

요크 패턴 ⓐ (소매)   요크 패턴 ⓑ (몸판)

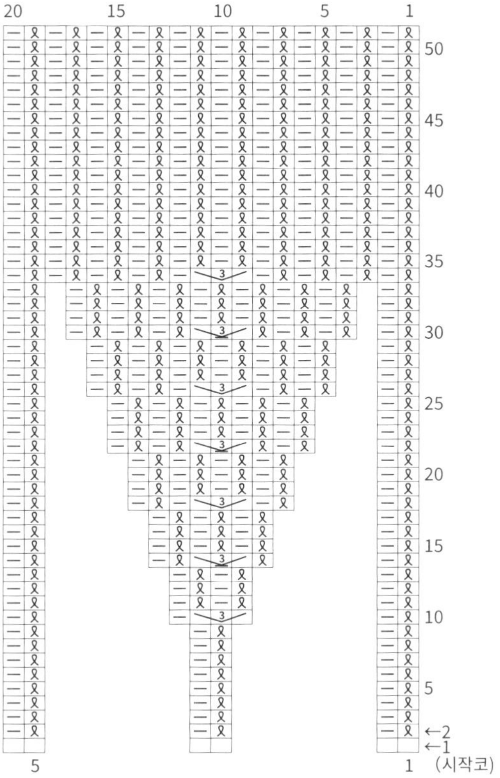

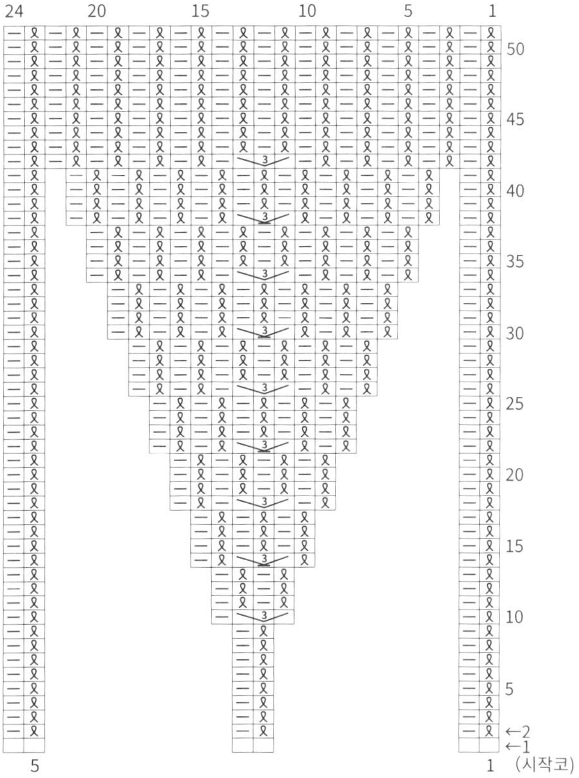

― 안뜨기

⊗ 돌려뜨기

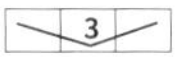

⎯3⎯ 겉뜨기 3코 늘림코(겉뜨기일 때)
※ 앞 단의 1코에 겉뜨기, 안뜨기, 겉뜨기를 뜬다.

⎯3⎯ 겉뜨기 3코 늘림코(안뜨기일 때)
※ 앞 단의 1코에 안뜨기, 겉뜨기, 안뜨기를 뜬다.

[요크의 무늬 배치]

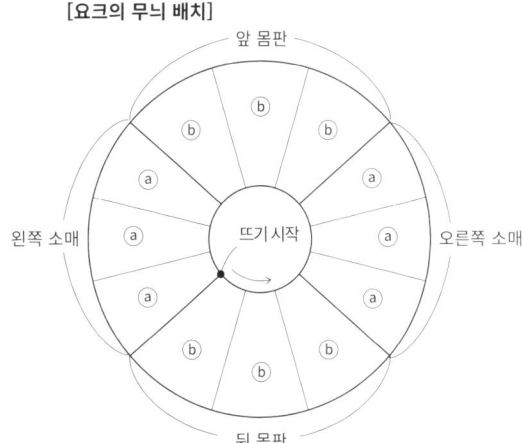

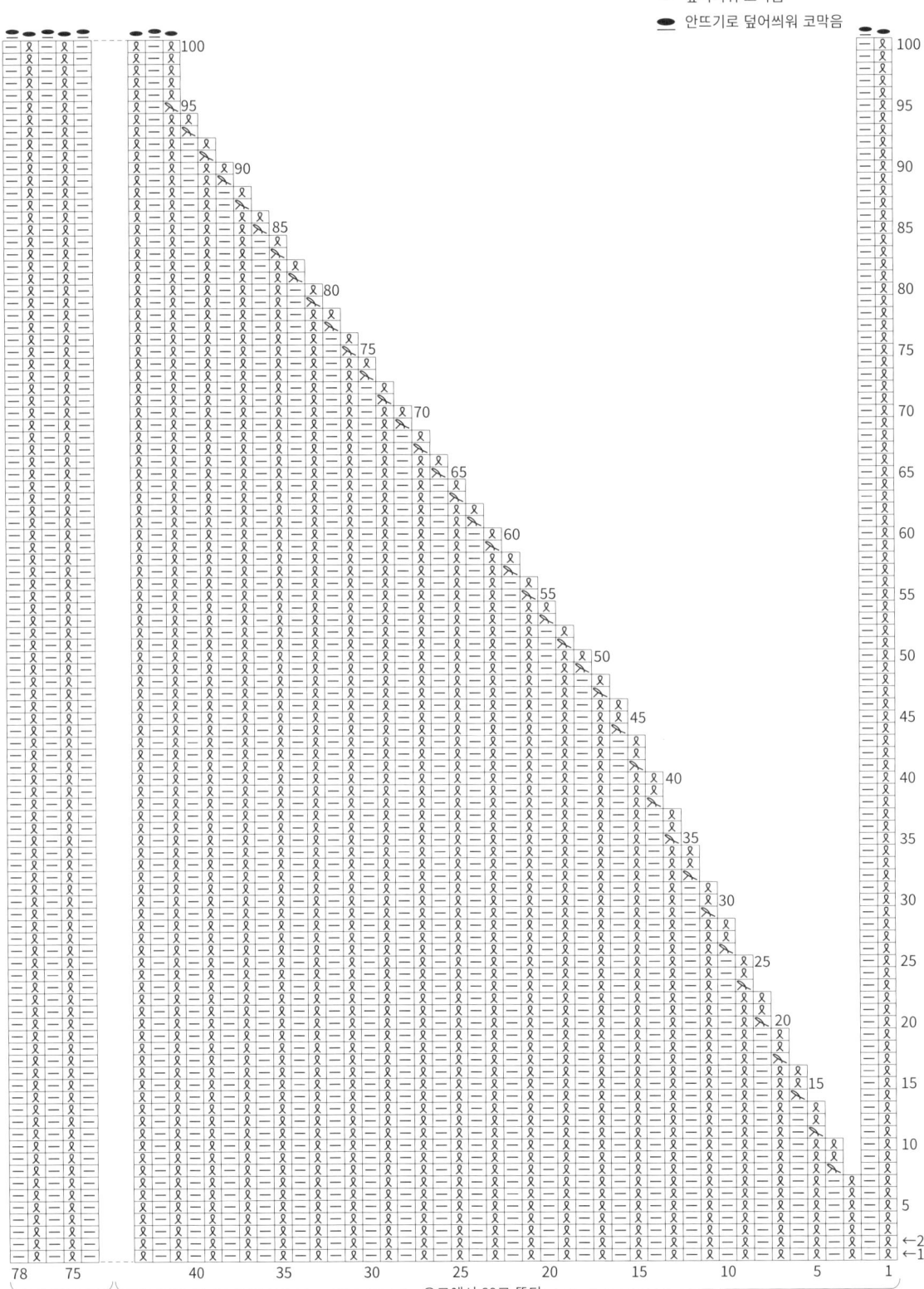

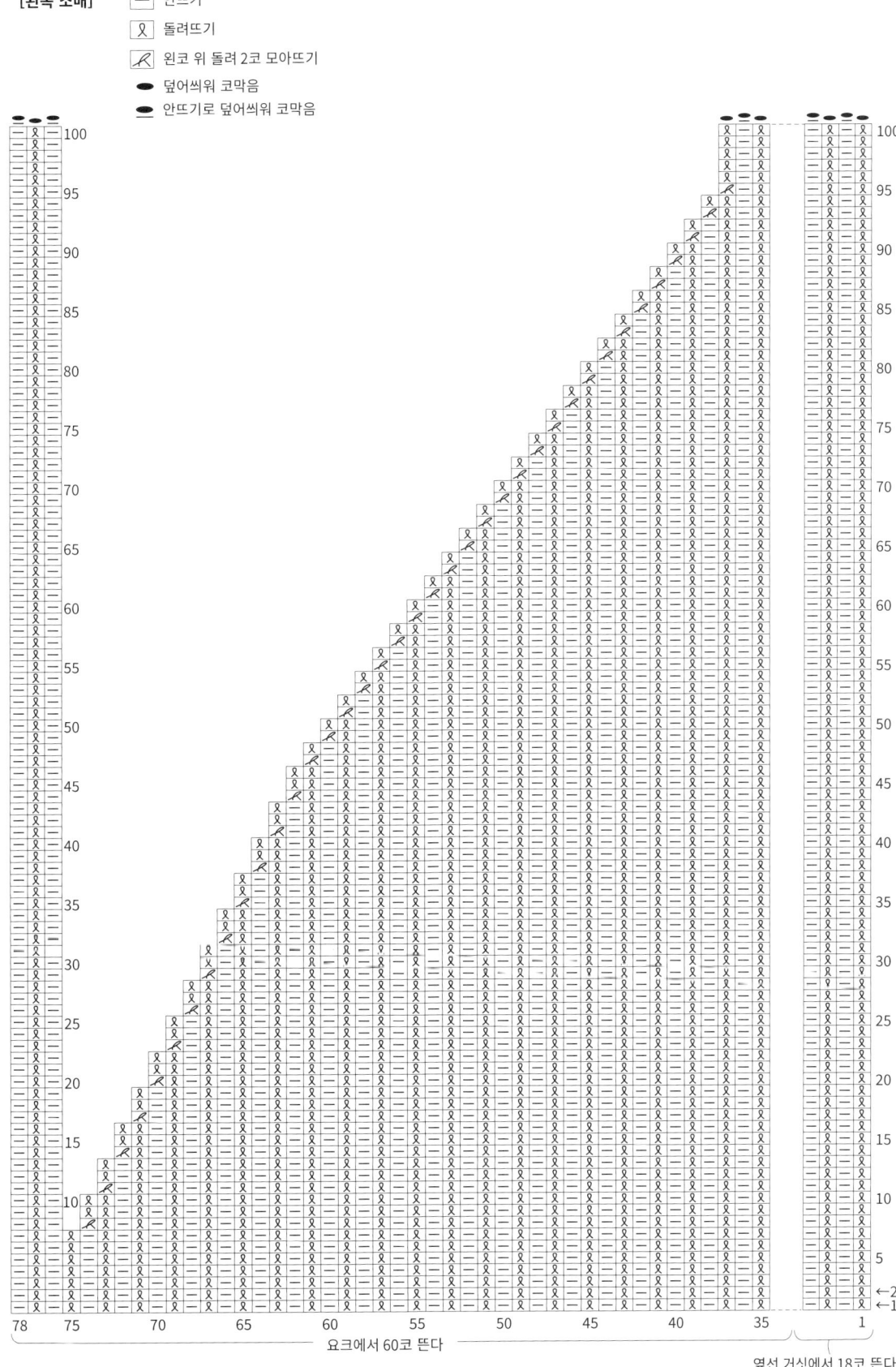

쏟아지는 비를 닮은 라운드 요크 스웨터

요크의 빗방울 무늬가 거꾸로 뒤집힌 버섯갓처럼 보이기도 하는 스웨터

Photo : Page 24

[재료]
알라포스로피
라이트 베이지 86(light beige heather) 620g
지름 15mm 단추 2개

[도구]
14호・12호 80cm 줄바늘
8호 80cm 줄바늘(또는 4개 세트 대바늘)
코바늘 8/0호

[게이지 (10 × 10cm)]
메리야스뜨기 13코 × 18단(14호 바늘)

[완성 치수]
가슴둘레 104cm, 길이 60cm,
소매길이 73cm

[뜨는 법]
실은 모두 1가닥으로 뜬다.

◎ **요크** : 8호 바늘로 손가락에 실을 걸어서 시작코를 만든 뒤 도안을 참조하여 요크 패턴ⓐ를 8단 원통형으로 뜬다. 12호 바늘로 바꿔서 요크를 마지막까지 뜬다.

◎ **몸판・밑단** : 14호 바늘로 뜬다. 좌우 소매 분량의 뜨개코를 별도의 실에 옮겨 쉬어둔다. 별도 사슬 시작코를 2개 만든 뒤 별도 사슬①의 중앙(옆선 중심)에서 4코, 몸판, 별도 사슬②에서 8코, 별도 사슬①에서 4코의 순으로 주워 메리야스뜨기로 앞뒤 몸판을 원통형으로 뜬다. 옆선에서는 앞뒤에 각각 3코 세워서 줄임코를 한다. 밑단은 8호 바늘로 바꿔 앞뒤 따로 가터뜨기를 왕복해서 뜬 뒤 마지막은 덮어씌워 코막음한다.

◎ **소매** : 14호 바늘로 겨드랑이 아래 중심에서 겨드랑이 아래 거싯, 소매의 쉼코, 남은 겨드랑이 아래 거싯의 순으로 뜬다. 증감 없이 뜬 뒤 마지막에 균등하게 줄임코를 한다(도안 참조). 8호 바늘로 바꿔 소맷부리의 커프스를 가터뜨기로 왕복해서 뜬 뒤 단춧구멍도 만든다. 마지막은 덮어씌워 코막음하고, 커프스의 단춧구멍 위치에 맞춰서 반대쪽 가장자리에 단추를 단다.

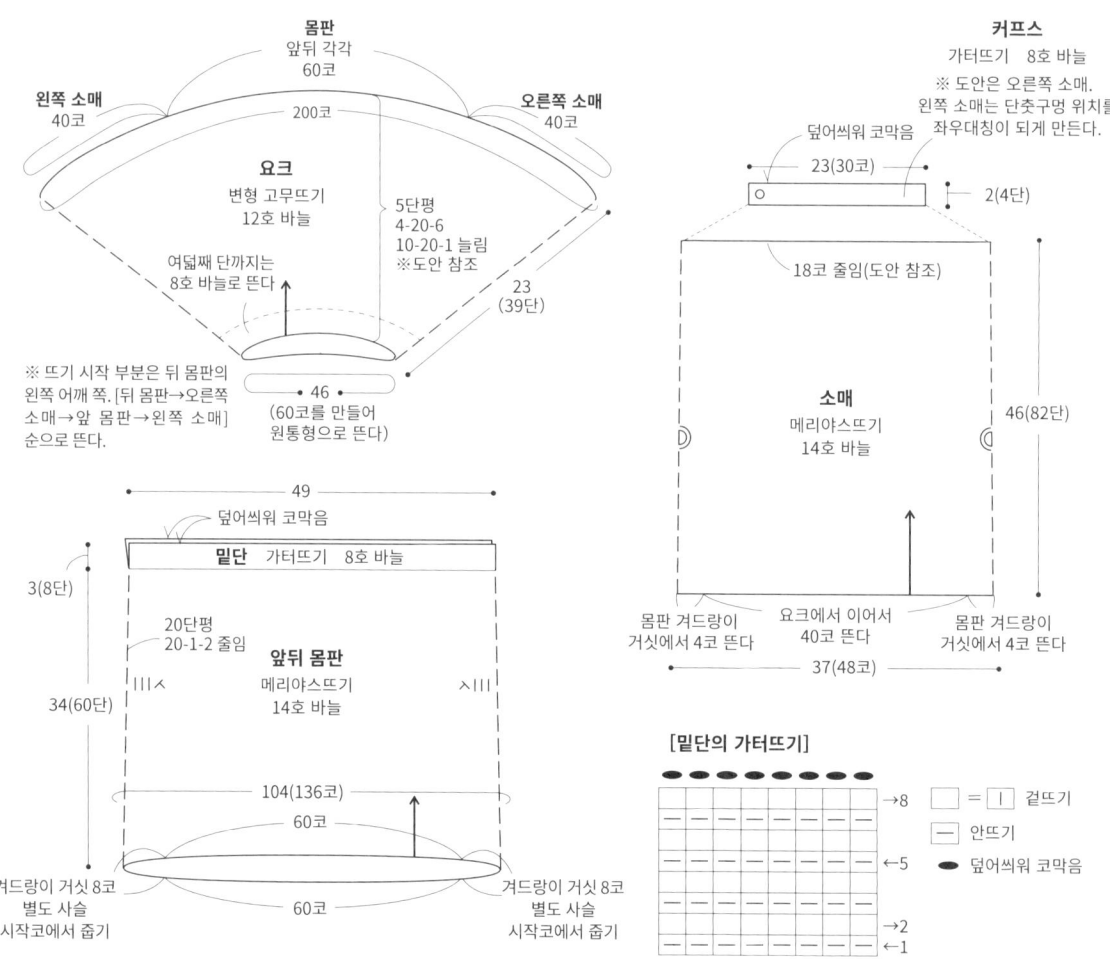

[요크의 무늬 배치]

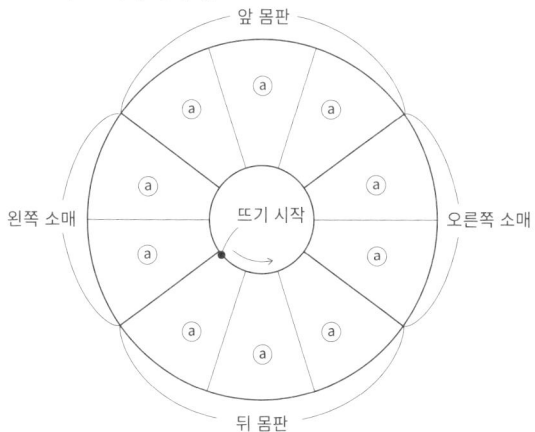

[요크]

요크 패턴 ⓐ

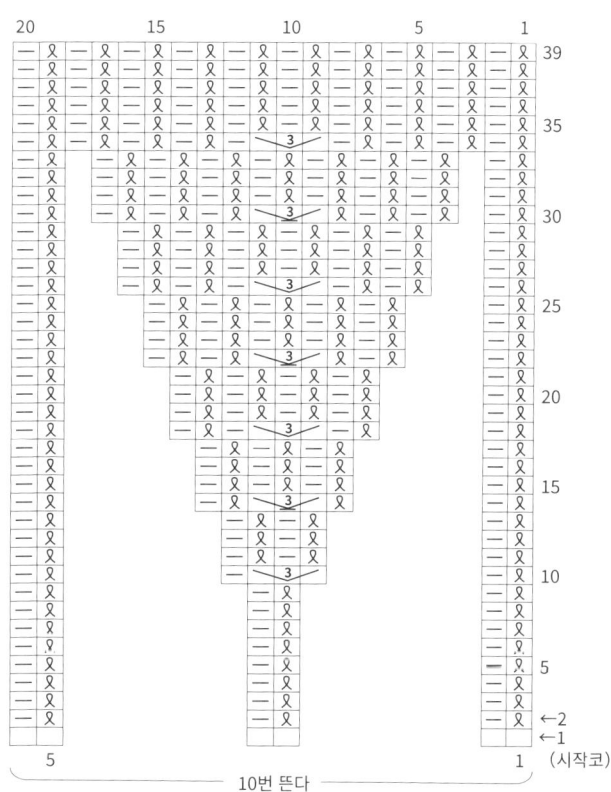

= ☐ 겉뜨기
— 안뜨기
● 덮어씌워 코막음
⦶ 돌려뜨기
⌒3⌒ 겉뜨기 3코 늘림코(겉뜨기일 때)
　　※앞 단의 1코에 겉뜨기, 안뜨기, 겉뜨기를 뜬다.
⌒3⌒ 겉뜨기 3코 늘림코(안뜨기일 때)
　　※앞 단의 1코에 겉뜨기, 안뜨기, 겉뜨기를 뜬다.
∧ 왼코 겹쳐 2코 모아뜨기
⋋ 오른코 겹쳐 2코 모아뜨기
○ 걸기코

[소맷부리의 줄임코와 커프스]

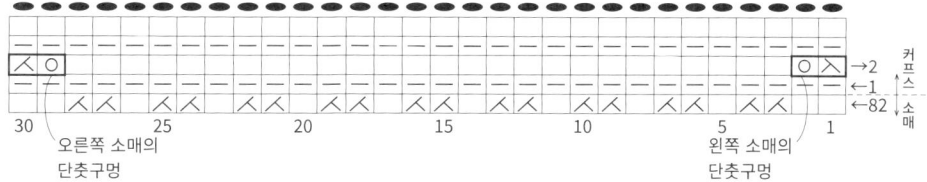

K 항아리핏 스웨터

목 부분을 위로, 아래로. 다양하게 연출할 수 있는 2way 스웨터

[재료]
레트로피
베이지 86(light beige heather) 380g
화이트 51(white) 200g

[도구]
8호·7호 80cm 줄바늘
코바늘 7/0호

[게이지 (10 × 10cm)]
메리야스뜨기 17코 × 24단 (8호 바늘)

[완성 치수]
가슴둘레 136cm, 소매길이 71.5cm,
길이 81.5cm

[뜨는 법]
실은 모두 1가닥으로 뜬다.

◎ **목둘레에서 요크까지** : 별도 사슬 시작코에서 8호 바늘, 베이지로 코줍기를 하여 뜨기 시작한 뒤 메리야스뜨기를 원통형으로 뜬다. 요크는 좌우 어깨에 6코를 세우고 그 앞뒤에서 걸뜨기 3코 늘림코를 한다. 요크는 화이트로 뜨기 시작한 뒤 6단마다 실을 바꿔 보더무늬를 뜬다.

◎ **몸판과 밑단** : 보더무늬를 계속 뜨면서 암홀 부분은 앞뒤 몸판을 각각 왕복해서 뜬다. 다시 원통형으로 만든 뒤 몸판을 계속 이어서 원통형으로 뜬다. 7호 바늘로 바꿔 베이지로 밑단의 2코 고무뜨기를 뜬 뒤 마지막은 앞 단과 같은 코를 뜨면서 덮어씌워 코막음한다.

◎ **소매** : 8호 바늘, 베이지로 암홀에서 코줍기를 한 뒤 메리야스뜨기를 원통형으로 뜨면서 소맷단에 2코 세워서 줄임코를 한다. 7호 바늘로 바꿔 소맷부리도 메리야스뜨기로 뜨고, 마지막은 코바늘 7/0호로 덮어씌워 코막음한다.

◎ **목둘레 마무리** : 별도 사슬을 풀고 남은 코를 8호 바늘에 옮긴 뒤 베이지, 코바늘 7/0호로 느슨하게 덮어씌워 코막음한다.

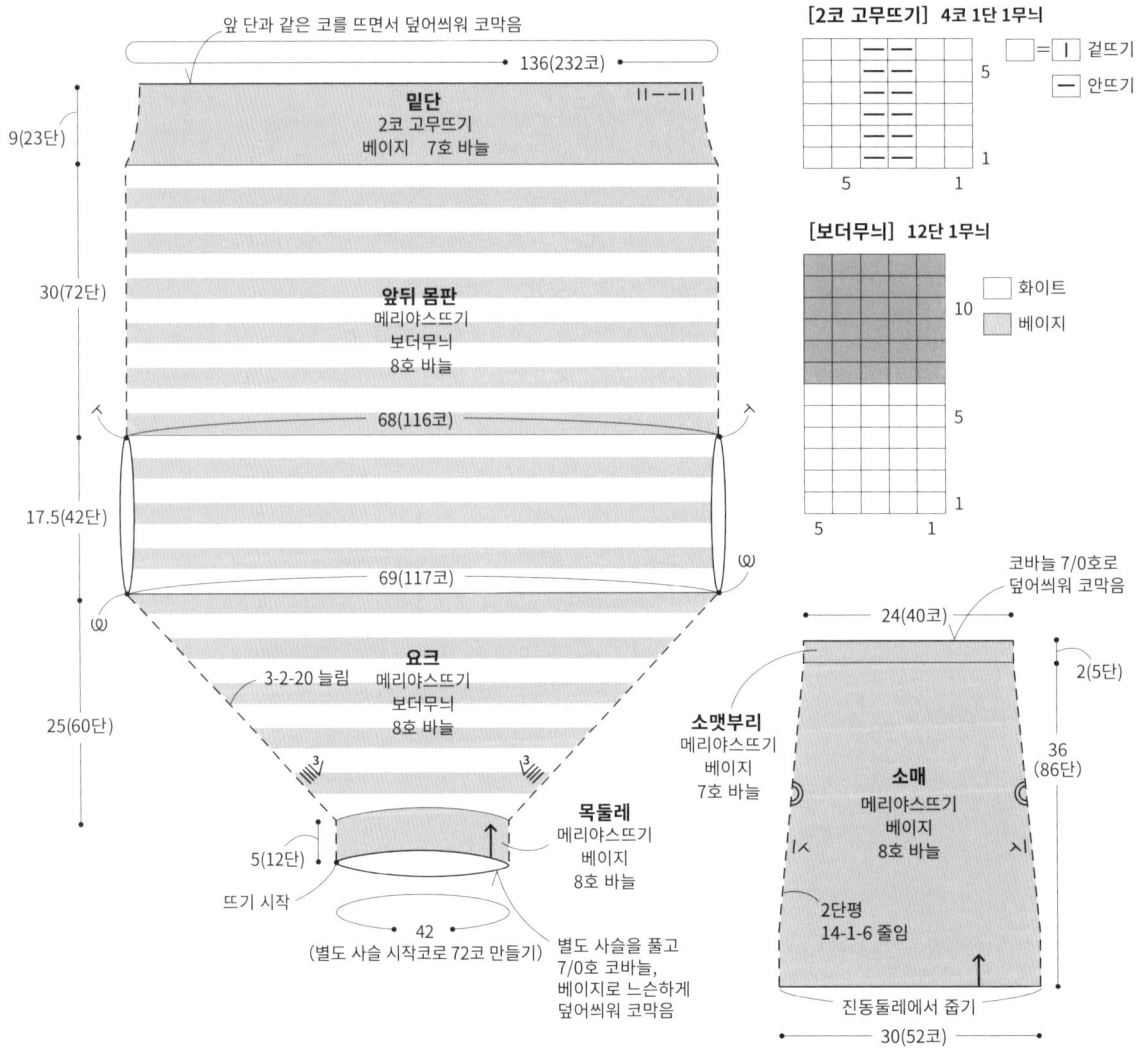

[요크와 암홀]

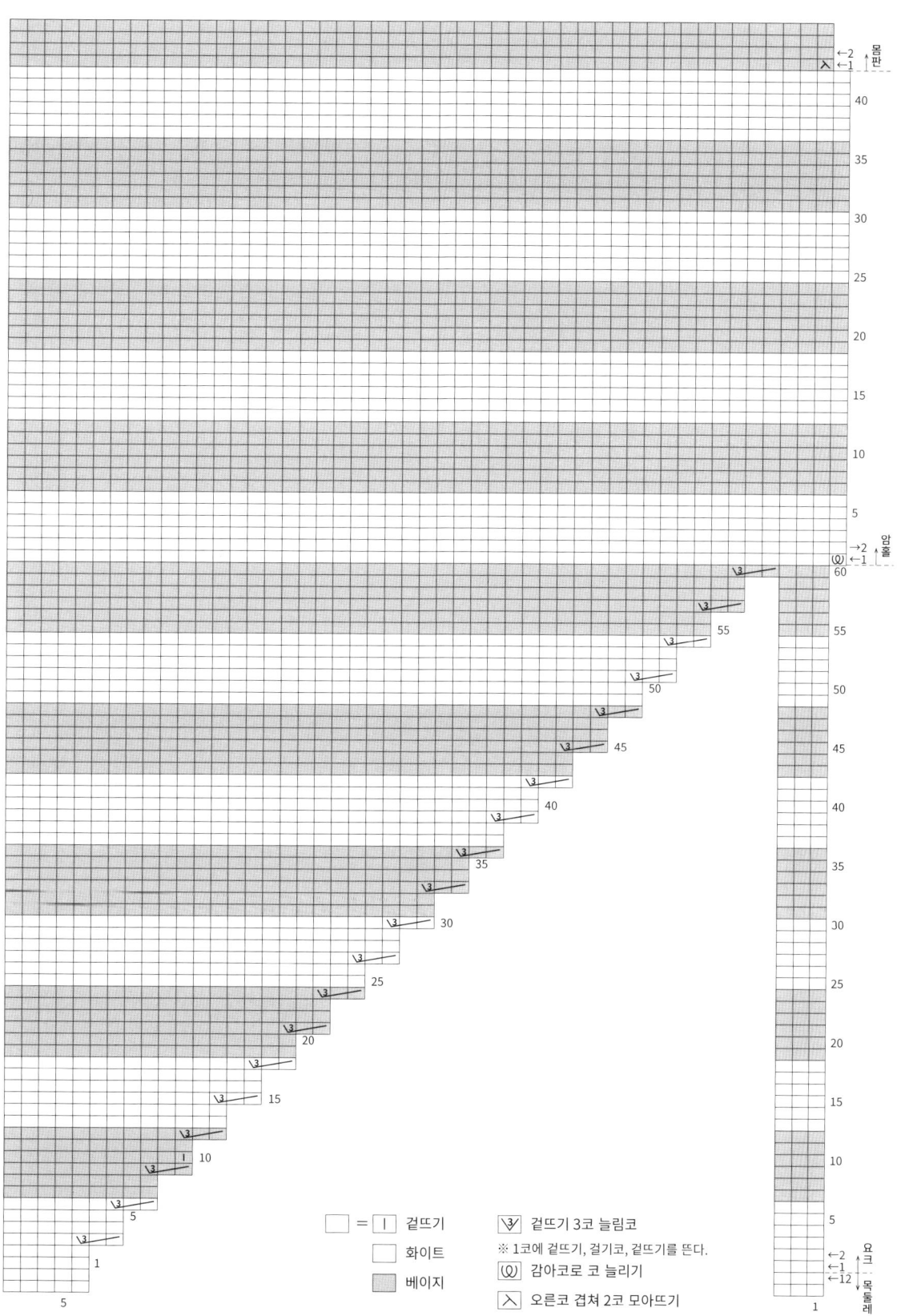

2. 펠트 에그백
동글동글하고 조그마한 생명체를 닮은 손가방

Photo : Page 28

[재료]
알라포스로피
ⓐ 화이트 51(white) 150g
ⓑ 그레이 56(ash heather) 150g

[도구]
14호 80cm 줄바늘

[게이지 (10 × 10cm)]
메리야스뜨기(14호 바늘)
펠팅 전 : 13코× 18단
펠팅 후 : 14코× 23단

[완성 치수]
펠팅 전 : 폭 32cm, 높이 45cm(손잡이 포함)
펠팅 후 : 폭 29cm, 높이 35cm(손잡이 포함)

[뜨는 법]
실은 모두 1가닥으로 뜬다.

◎ **바닥면** : 14호 줄바늘을 사용해서 터키식 시작코로 22코를 만든 뒤 매직루프 방법으로 늘림코를 하면서 메리야스뜨기를 원통형으로 뜬다 (시작코 만드는 법은 p.48, 매직루프 뜨는 법은 p.49 참조).

◎ **본체·손잡이** : 본체는 증감 없이 메리야스뜨기를 원통형으로 뜬다. 손잡이의 첫째 단에서 손잡이 4개를 제외한 뜨개코를 덮어씌우면서 뜬 뒤 실을 자른다. 손잡이는 1개씩 새로 실을 이어서 메리야스뜨기를 왕복해서 뜬 뒤 남은 코는 쉬어둔다. 4개를 다 뜨면 앞면의 뜨개코 2개를 맞대어 메리야스 잇기한다. 뒷면의 뜨개코 2개도 같은 방법으로 잇는다.

◎ p.52를 참조하여 펠팅한다.

[완성 치수]

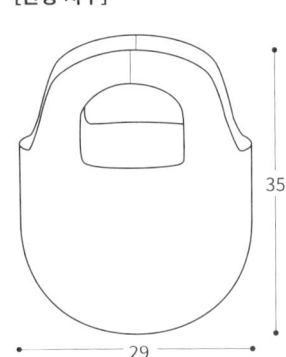

35
29

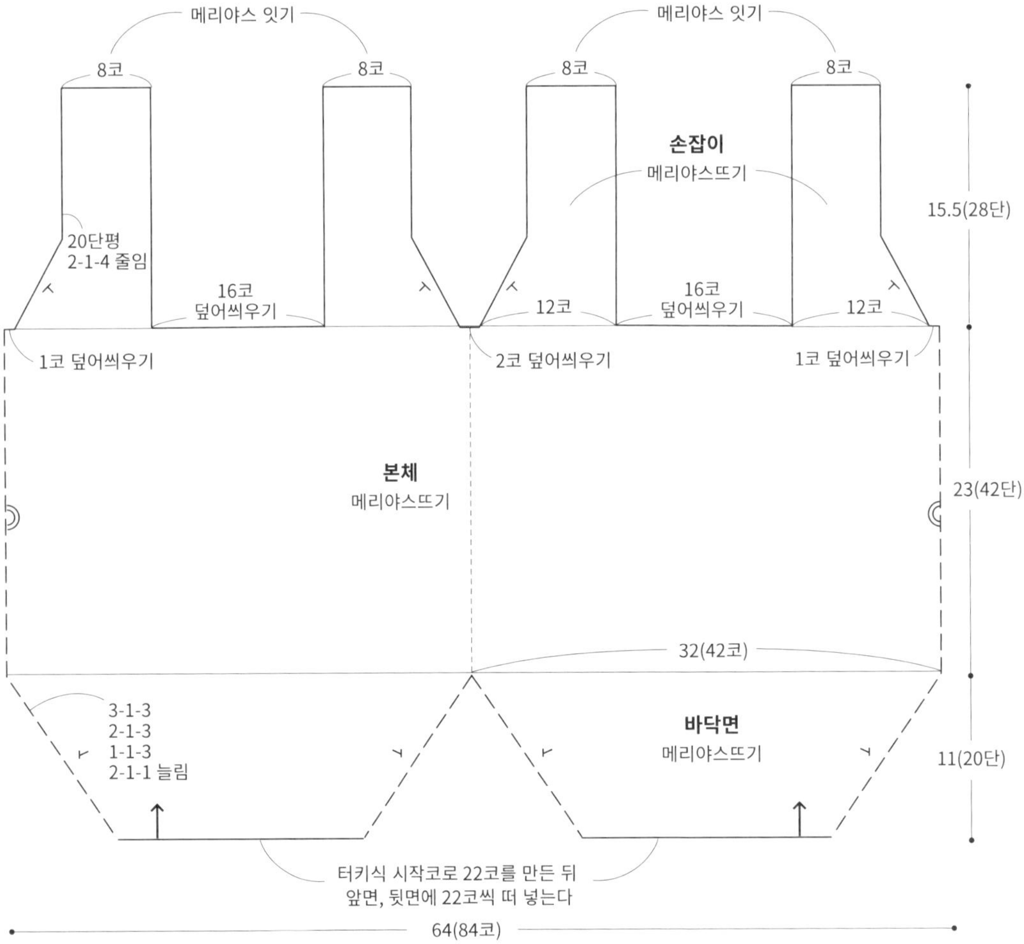

메리야스 잇기 — 메리야스 잇기

8코 8코 8코 8코

손잡이
메리야스뜨기

15.5(28단)

20단평
2-1-4 줄임

16코 덮어씌우기 12코 16코 덮어씌우기 12코

1코 덮어씌우기   2코 덮어씌우기   1코 덮어씌우기

본체
메리야스뜨기

23(42단)

32(42코)

3-1-3
2-1-3
1-1-3
2-1-1 늘림

바닥면
메리야스뜨기

11(20단)

터키식 시작코로 22코를 만든 뒤
앞면, 뒷면에 22코씩 떠 넣는다

64(84코)

※ 사이즈는 펠팅 전.

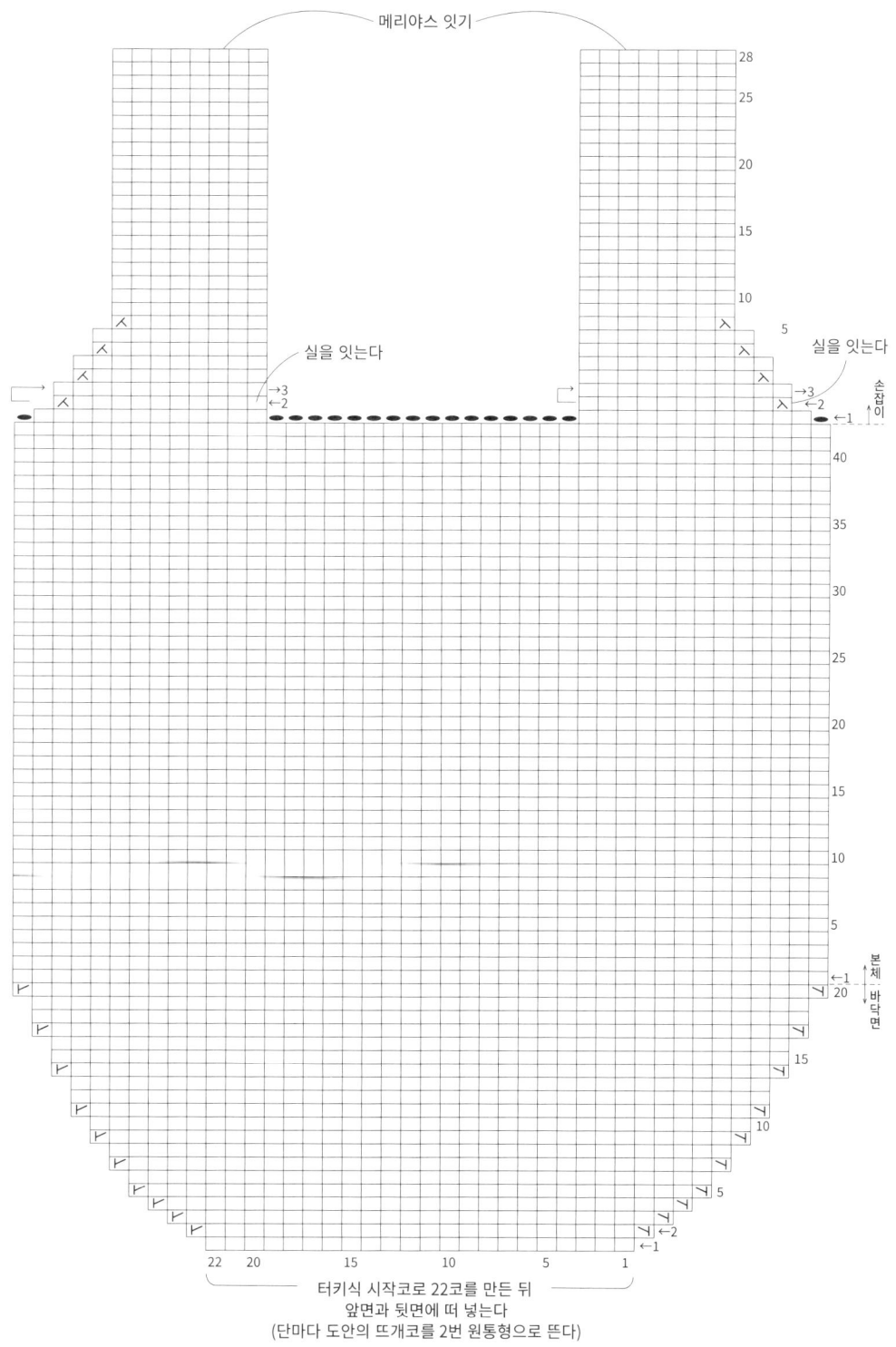

M 펠트 우편 배달부 가방

추운 나라에 사는 우편 배달부가 들고 다닐 것 같은 심플한 숄더백

Photo : Page 30

[재료]
알라포스로피
화이트 51(white) 230g

[도구]
14호 80cm 줄바늘

[게이지 (10 × 10cm)]
메리야스뜨기(14호 바늘)
펠팅 전 : 13 코 × 18 단
펠팅 후 : 14 코 × 23 단

[완성 치수]
펠팅 전 : 폭 38.5cm, 높이 35.5cm
　　　　 (손잡이 제외)
펠팅 후 : 폭 36cm, 높이 28cm(손잡이 제외)

[뜨는 법]
실은 모두 1가닥으로 뜬다.

◎ **바닥면** : 14호 줄바늘을 사용해서 터키식 시작코로 30코를 만든 뒤 매직루프 방법으로 늘림코를 하면서 메리야스뜨기를 원통형으로 뜬다 (시작코 만드는 법은 p.48, 매직루프 뜨는 법은 p.49 참조).

◎ **본체・손잡이** : 본체는 증감 없이 메리야스뜨기를 원통형으로 뜬다. 손잡이의 첫째 단에서 가방끈 2개를 제외한 뜨개코를 덮어씌우면서 뜬 뒤 이어서 첫 번째 가방끈을 메리야스뜨기로 왕복해서 뜬다. 남은 코는 쉬어둔다. 반대쪽 가방끈 위치에 실을 이은 뒤 첫 번째 가방끈과 같은 방법으로 뜬다. 가방끈 2개의 뜨개코를 맞대어 메리야스 잇기한다.

◎ p.52를 참조하여 펠팅한다.

[완성 치수]

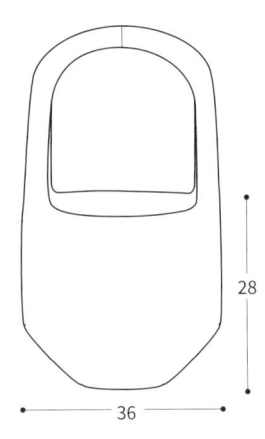

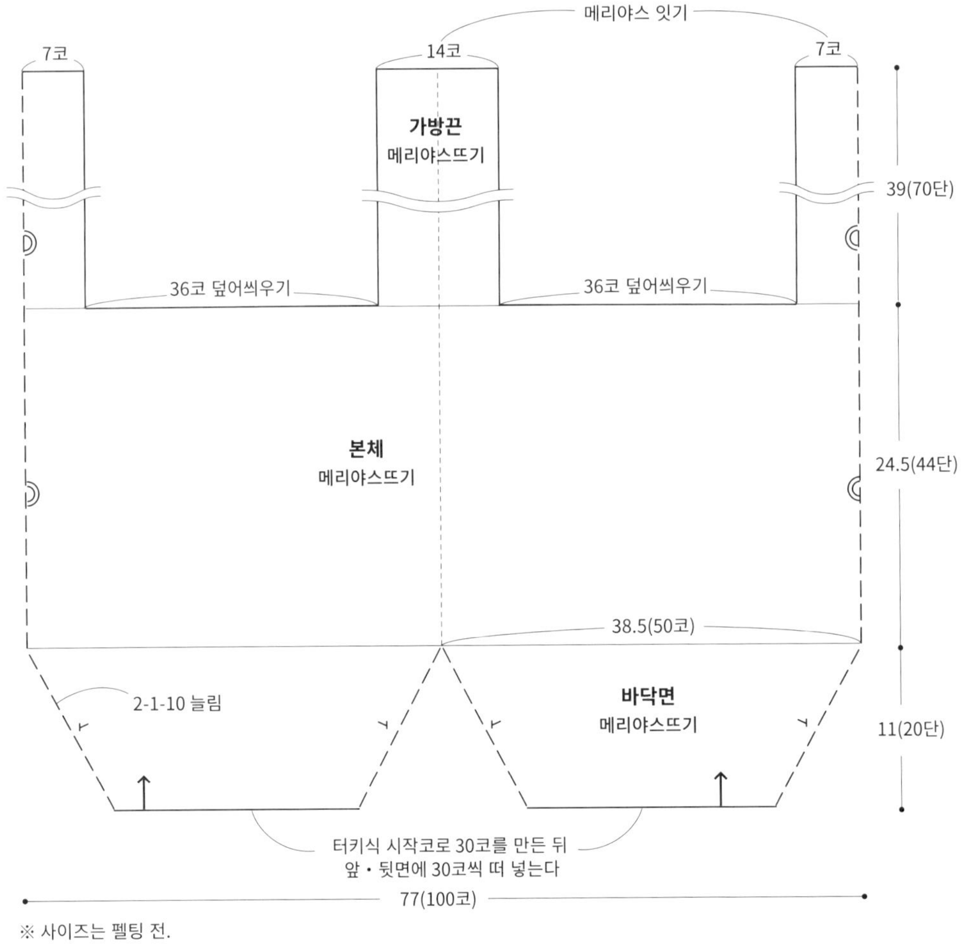

※ 사이즈는 펠팅 전.

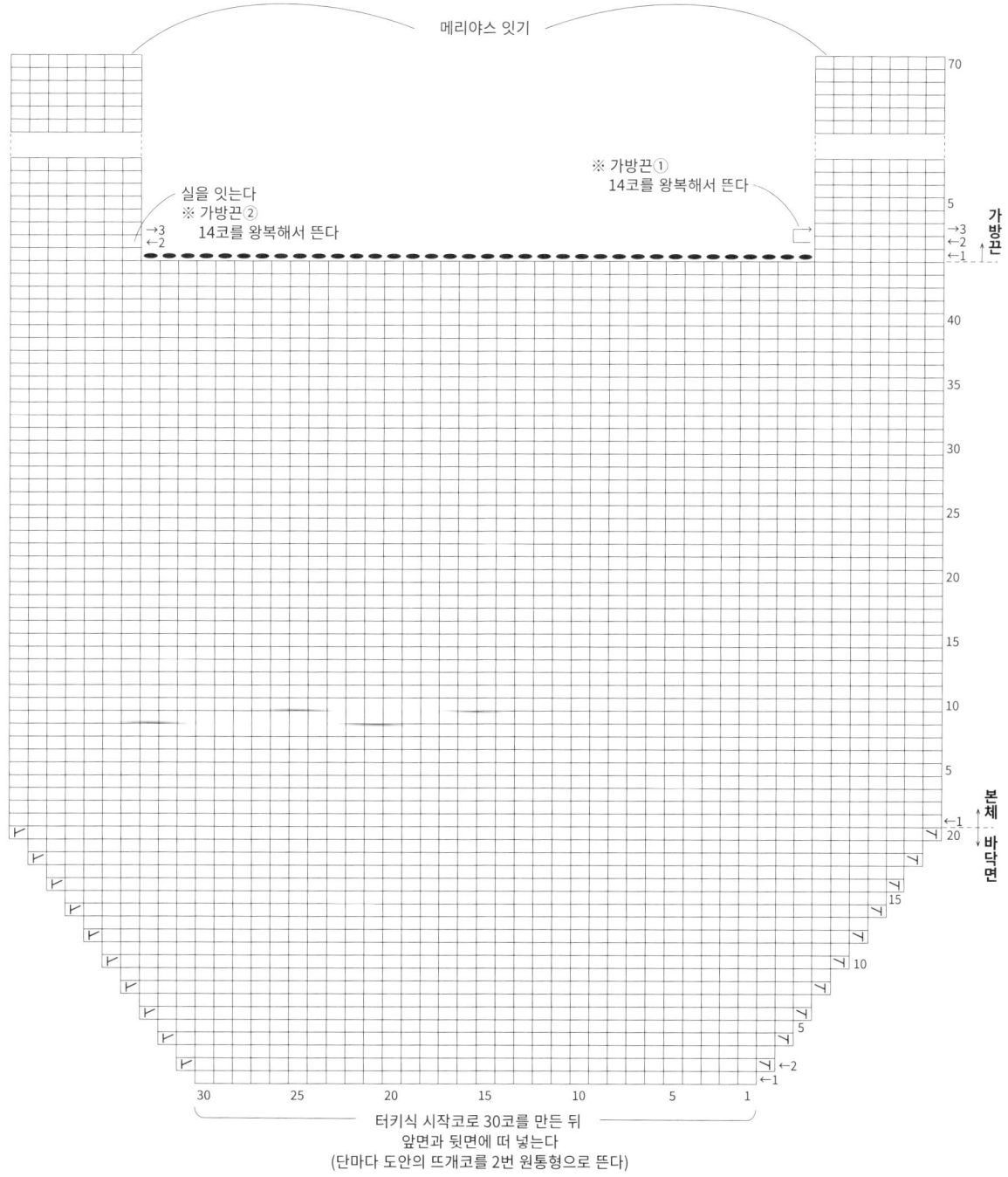

P 나뭇잎 사이로 비치는 햇살을 닮은 스웨터

Photo : Page 36

무성히 자란 잎과 잎 사이로 쏟아지는 햇살을 표현한 라운드 요크 스웨터

[재료]
알라포스로피
블랙 트위드 9975(black tweed) 630g

[도구]
14 호 • 13 호 80cm 줄바늘
8 호 80cm 줄바늘(또는 4 개 세트 대바늘)
코바늘 8/0 호

[게이지 (10 × 10cm)]
메리야스뜨기 13 코× 18 단(14 호 바늘)

[완성 치수]
가슴둘레 104.5cm, 소매길이 82.5cm,
길이 57.5cm

[뜨는 법]
실은 모두 1 가닥으로 뜬다 .
◎ **목둘레 • 요크** : 8 호 바늘로 손가락에 실을 걸어서 시작코를 만든 뒤 변형 고무뜨기로 목둘레를 원통형으로 뜬다 . 13 호 바늘로 바꾼 뒤 도안을 참조해서 요크를 원통형으로 뜬다 .

◎ **몸판•밑단** : 14 호 바늘로 뜬다 . 좌우 소매 분량의 뜨개코를 별도의 실에 옮겨 쉬어둔다 . 별도 사슬 시작코를 2 개 만든 뒤 별도 사슬①의 중앙 (옆선 중심) 에서 4 코 , 몸판 , 별도 사슬②에서 8 코 , 몸판 , 별도 사슬①에서 4 코의 순으로 코를 주워 앞뒤 몸판을 메리야스뜨기로 원통형으로 뜬다 . 밑단은 8 호 바늘로 바꿔 앞뒤 각각 변형 고무뜨기를 왕복해서 뜬다 . 각각 첫째 단에서 1 코 줄인다 . 마지막은 앞 단의 돌려뜨기는 겉뜨기 , 안뜨기는 안뜨기로 뜨면서 덮어씌워 코막음한다 .

◎ **소매** : 14 호 바늘로 겨드랑이 아래 중심에서부터 겨드랑이 아래 거싯 , 소매의 쉼코 , 남은 겨드랑이 아래 거싯의 순으로 뜬다 . 소맷단에서 줄임코를 하면서 메리야스뜨기를 원통형으로 뜬다 . 8 호 바늘로 바꿔 소맷부리의 커프스를 변형 고무뜨기로 원통형으로 뜬 뒤 마지막은 앞 단의 돌려뜨기는 겉뜨기 , 안뜨기는 안뜨기로 뜨면서 덮어씌워 코막음한다 .

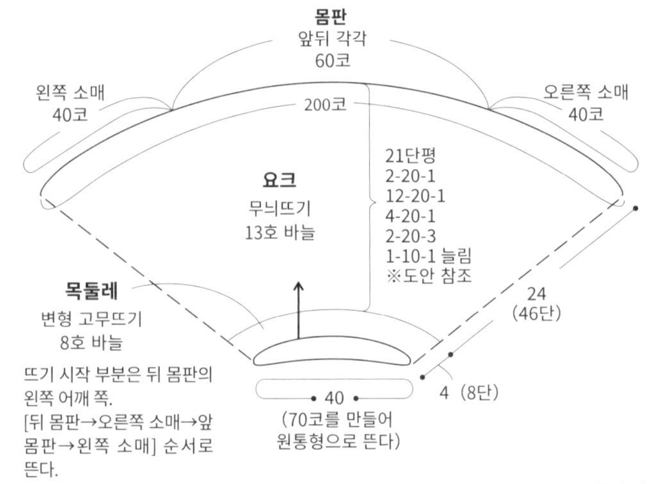

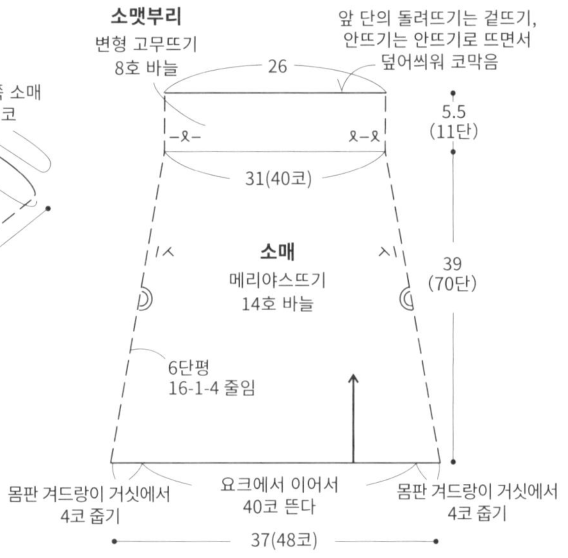

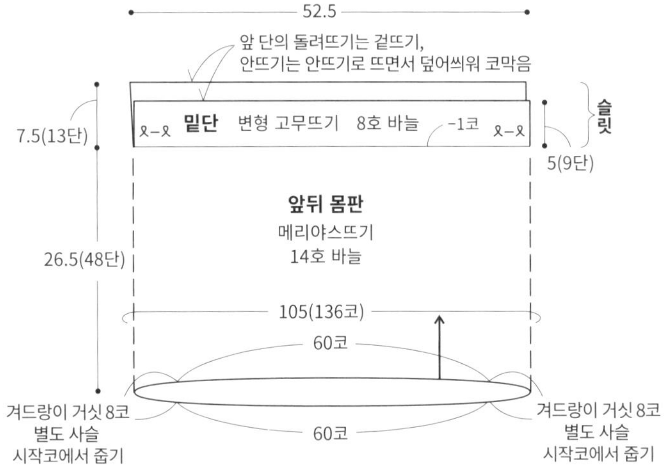

[변형 고무뜨기]

—	ℓ	—	ℓ	—	ℓ	—	ℓ
—	ℓ	—	ℓ	—	ℓ	—	ℓ
—	ℓ	—	ℓ	—	ℓ	—	ℓ
—	ℓ	—	ℓ	—	ℓ	—	ℓ
—	ℓ	—	ℓ	—	ℓ	—	ℓ
—	ℓ	—	ℓ	—	ℓ	—	ℓ
—	ℓ	—	ℓ	—	ℓ	—	ℓ
—	ℓ	—	ℓ	—	ℓ	—	ℓ

— 안뜨기
ℓ 돌려뜨기

[요크의 무늬 배치]

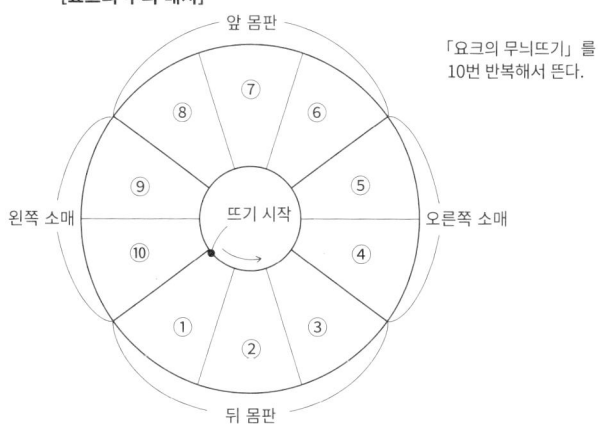

「요크의 무늬뜨기」를
10번 반복해서 뜬다.

[요크의 무늬뜨기]

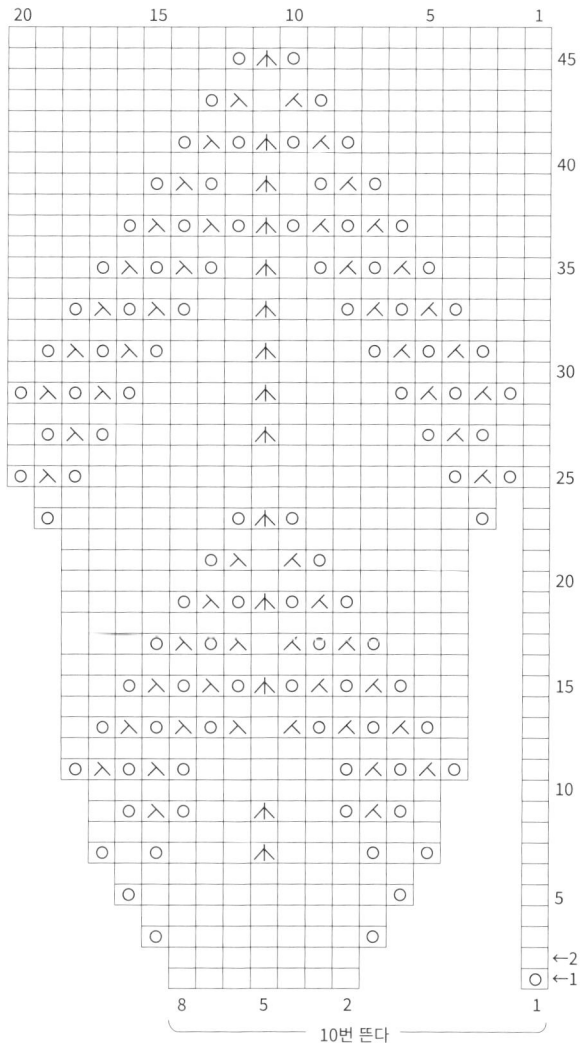

☐ = │ 겉뜨기
人 왼코 겹쳐 2코 모아뜨기
入 오른코 겹쳐 2코 모아뜨기
○ 걸기코
木 중심 3코 모아뜨기

펠트 베레모
귀까지 폭 덮을 수 있는 베레모

Photo : Page 38

[재료]
레트로피
ⓐ 블랙   59(black)   65g
ⓑ 화이트 51(white)   65g

[도구]
8호 80cm 줄바늘(또는 4개 세트 대바늘)

[게이지 (10 × 10cm)]
메리야스뜨기(8호 바늘)
펠팅 전 : 17코 × 24단
펠팅 후 : 18코 × 28단

[완성 치수]
펠팅 전 : 지름 29cm, 머리둘레 48cm
펠팅 후 : 도안 참조

[뜨는 법]
실은 모두 1가닥으로 뜬다.

◎ 손가락에 실을 걸어서 만드는 시작코로 84코를 만든 뒤 (바늘 2개를 모아 느슨하게 만든다) 메리야스뜨기를 원통형으로 뜬다. 도안을 참조해서 코를 증감하면서 본체를 뜬 뒤 마지막은 남은 12코에 실 끝을 2번 통과시켜 조인다.

◎ p.52를 참조해서 펠팅한 뒤 모양을 정돈하고 말린다.

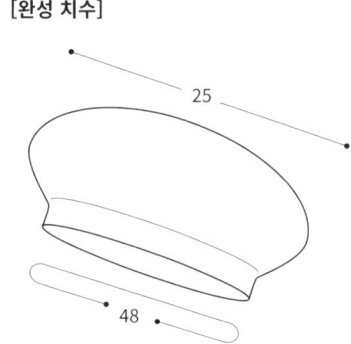

※ 펠팅 도중에 얼마나 줄어들었는지 확인하면서 적당한 사이즈로 마무리한다.

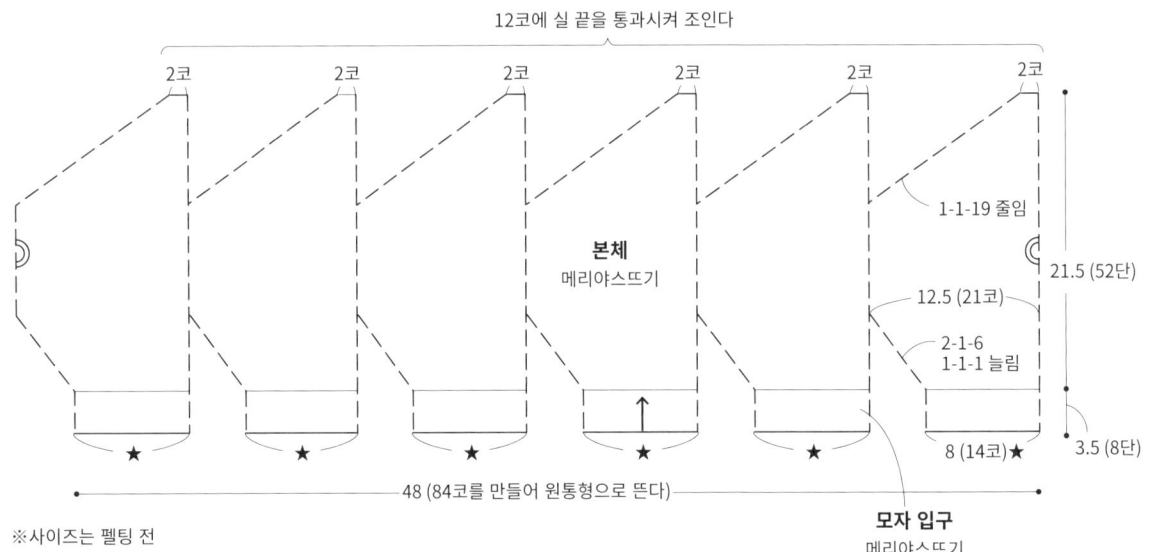

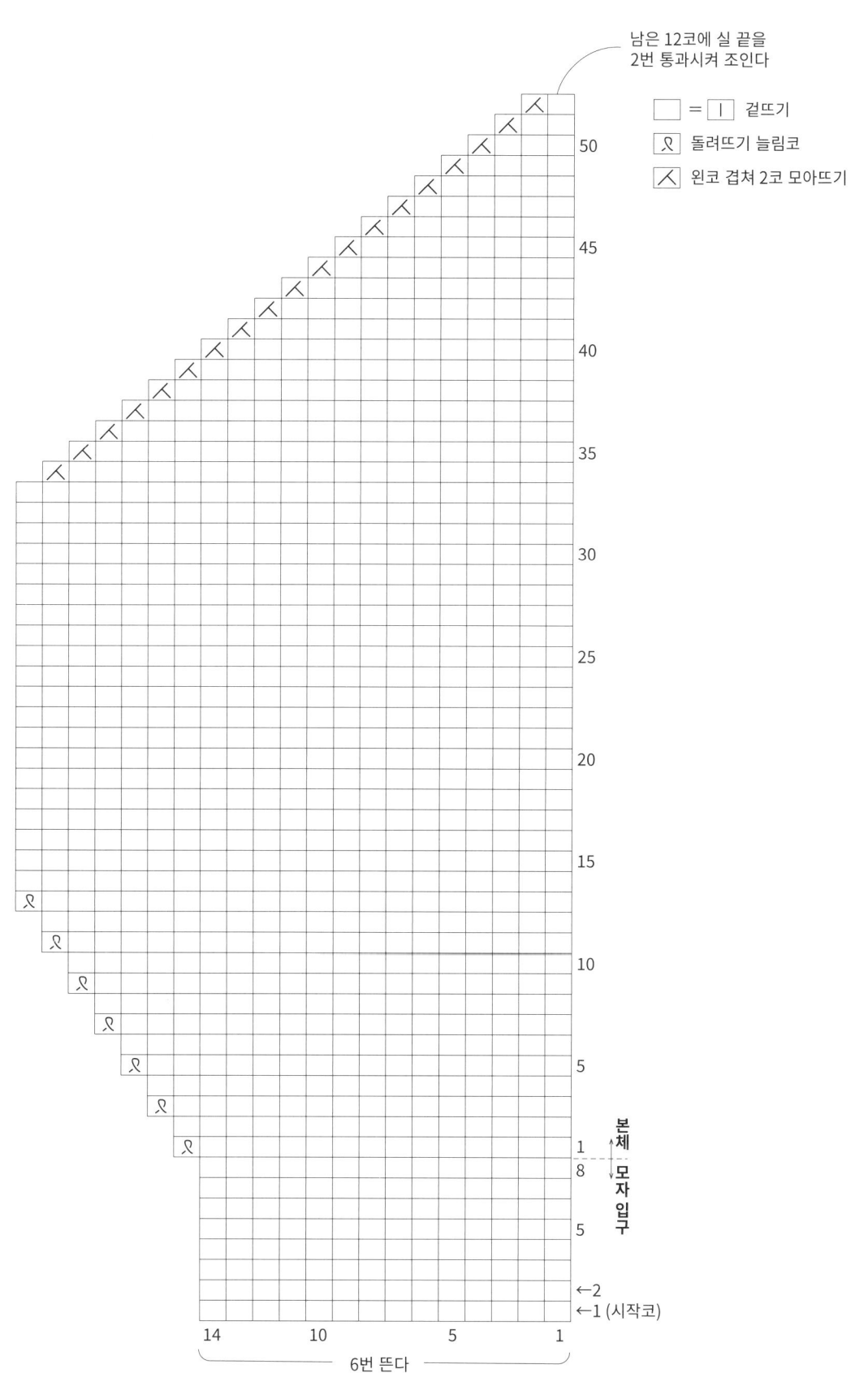

별똥별이 쏟아져 내리는 스웨터

별이 빛나는 밤하늘에서 쏟아져 내린 별똥별이 가슴 부분에서 춤을 추는 스웨터

Photo : Page 40

[재료]
알라포스로피
그레이 56(ash heather) 540g
화이트 51(white) 150g

[도구]
14호・10호・8호 80cm 줄바늘

[게이지 (10 × 10cm)]
메리야스뜨기 13코× 18단(14호 바늘)

[완성 치수]
가슴둘레 101cm, 소매길이 81.5cm,
길이 62cm

[뜨는 법]
실은 모두 1가닥으로 뜬다.

◎ **목둘레에서 요크까지** : 10호 바늘, 그레이로 손가락에 실을 걸어서 시작코를 만든 뒤 화이트를 이어서 투톤의 1코 고무뜨기를 원통형으로 뜬다. 마지막에 그레이로 1단 메리야스뜨기를 뜨면서 늘림코를 한 뒤 14호 바늘로 바꿔 요크의 무늬뜨기를 뜬다.
다 뜨면 실을 자른다.

◎ **몸판과 밑단** : 좌우 소매 분량의 코를 쉬어둔 뒤 별도 사슬 시작코를 2개 만든다.
14호 바늘, 그레이로 별도 사슬①의 중앙 (옆선 중심)에서 5코, 뒤 몸판, 별도 사슬②에서 10코, 앞 몸판, 별도 사슬①에서 5코의 순으로 코를 주워 안메리야스뜨기로 몸판을 원통형으로 뜬다. 밑단은 10호 바늘로 앞뒤 각각 투톤의 1코 고무뜨기를 왕복하여 뜬다.
각각 첫째 단에서 1코 늘린다. 마지막은 그레이로 1코 고무뜨기 코막음을 한다.

◎ **소매** : 14호 바늘, 그레이로 옆선 중심에서 5코, 몸판, 겨드랑이 거싯의 5코의 순서로 코를 주운 뒤 소맷단에서 줄임코를 하면서 안메리야스뜨기를 원통형으로 뜬다.
8호 바늘로 바꿔 투톤의 1코 고무뜨기로 소맷부리를 원통형으로 뜬 뒤 마지막은 그레이로 1코 고무뜨기 코막음을 한다.

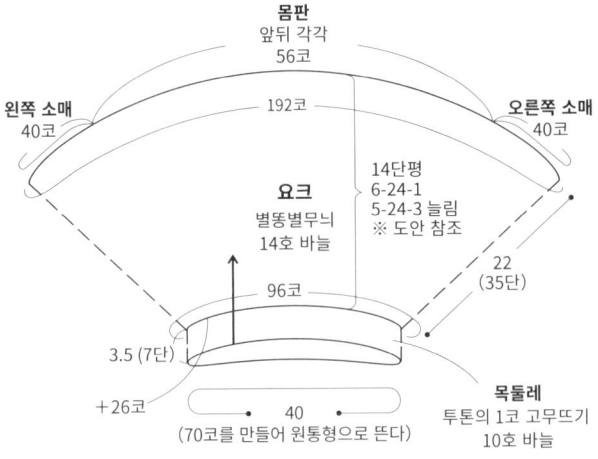

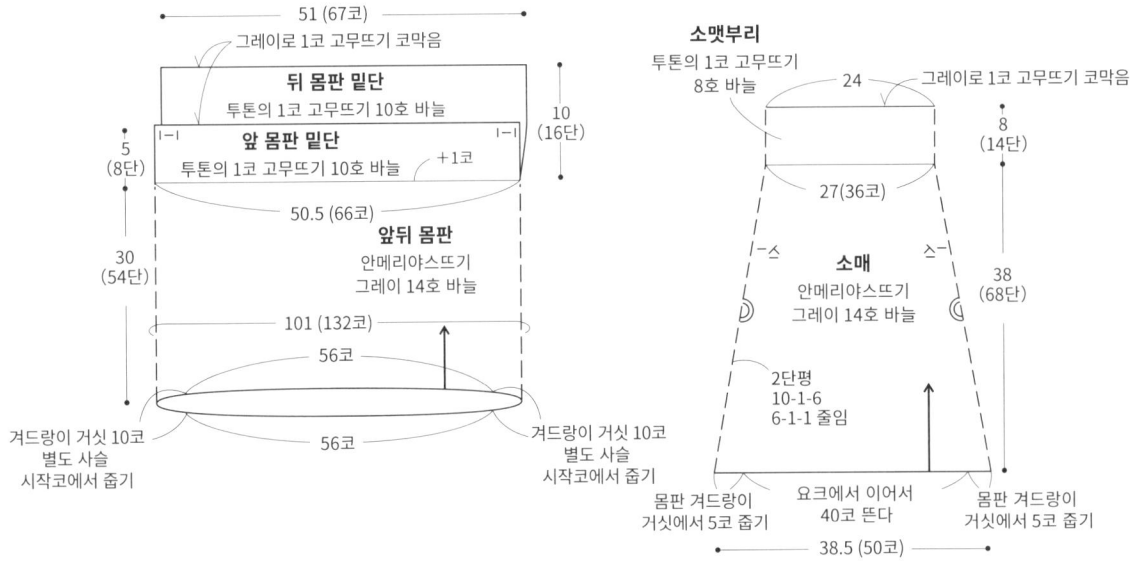

[목둘레와 목둘레의 늘림코]

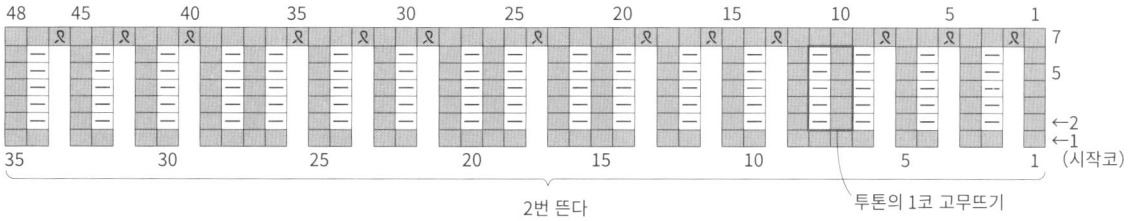

2번 뜬다
투톤의 1코 고무뜨기

[요크]

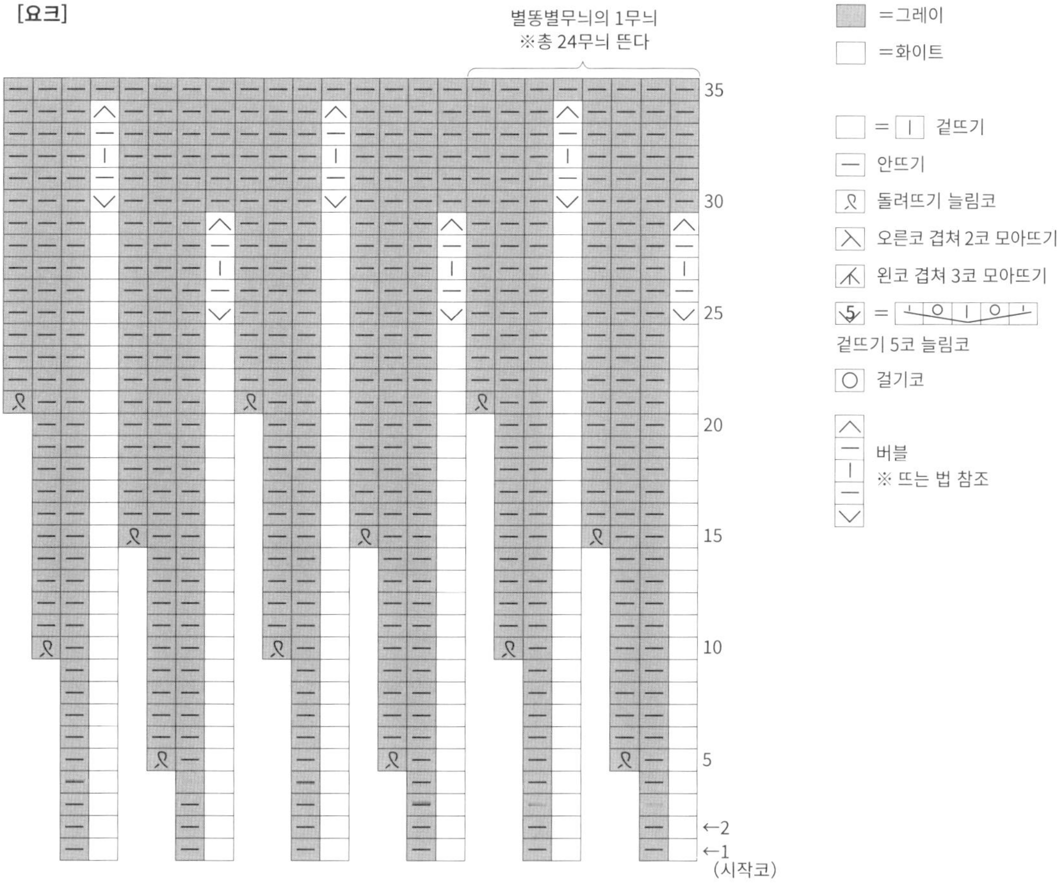

별똥별무늬의 1무늬
※총 24무늬 뜬다

□ =그레이
□ =화이트

□ = Ⅰ 겉뜨기
― 안뜨기
Ω 돌려뜨기 늘림코
∧ 오른코 겹쳐 2코 모아뜨기
人 왼코 겹쳐 3코 모아뜨기
5 = ⌒○Ⅰ○⌒
겉뜨기 5코 늘림코
○ 걸기코

∧
―
Ⅰ   버블
― ※ 뜨는 법 참조
∨

[버블(방울) 뜨는 법]

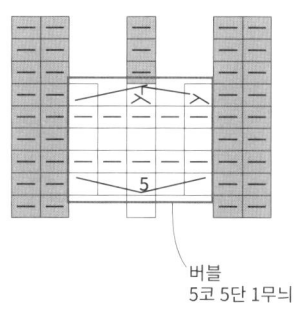

버블
5코 5단 1무늬

첫째 단 : 겉뜨기 5코 늘림코(겉뜨기 1, 왼쪽 바늘에서 코를 빼지 않고 걸기코 1, 겉뜨기 1, 걸기코 1, 겉뜨기 1, 왼쪽 바늘에서 코를 뺀다)를 뜬다.

둘째~넷째 단 : 가터뜨기.

다섯째 단 : 오른코 겹쳐 2코 모아뜨기를 2번 뜬 뒤 오른쪽 바늘에 생긴 2코를 왼쪽 바늘에 다시 옮겨서 다섯째 코와 함께 왼코 겹쳐 3코 모아뜨기.

[안메리야스뜨기]

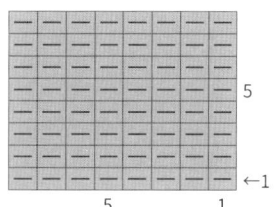

8 꽃바구니 가방

꽃 모티브를 풍성하게 떠서 연결한, 꽃을 좋아하는 사람을 위한 가방

Photo : Page 42

[재료]
레트로피
ⓐ 화이트 51(white)   200g
ⓑ 블랙   52(black sheep heather)   200g

[도구]
7/0호 코바늘

[게이지 (10 × 10cm)]
꽃 모티브 1장 : 지름 8.5cm

[완성 치수]
폭 24cm, 높이 21cm(손잡이 제외)

[뜨는 법]
실은 모두 1가닥으로 뜬다.

◎ **본체** : 도안을 참조해서 기본 꽃 모티브를 18장 뜬다.
각 모티브는 마지막 단을 뜨면서 이웃한 모티브에 떠서 연결한다.
떠서 연결하는 법은 p.89 도안 참조.
떠서 연결할 때의 뜨는 법은 p.51 참조.

◎ **손잡이** : 도안을 참조해서 가방 입구의 테두리에 손잡이를 뜬다.

◎ **마무리** : 도안을 참조해서 바닥면을 빼뜨기 꿰매기한다.

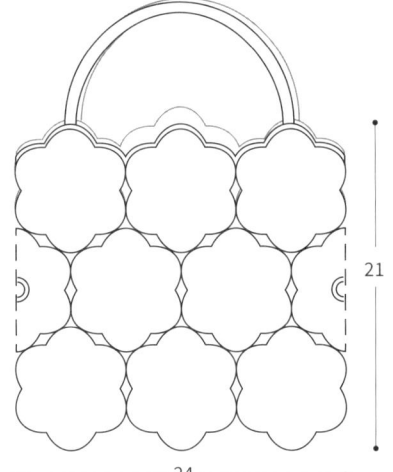

[기본 모티브]

⊕	원형뜨기 시작코
◯	사슬뜨기
×	짧은뜨기
T	긴뜨기
⊤	한길 긴뜨기
●	빼뜨기
⊗	2단 앞의 짧은뜨기를 안면에서 다발로 주워 짧은뜨기를 뜬다
⊗	앞 단의 한길 긴뜨기의 토대가 되는 사슬을 안면에서 다발로 주워 짧은뜨기를 뜬다

※ ⊗ 와 ⊗ 뜨는 법은 p.50 참조

[모티브 뜨는 순서와 떠서 연결하는 법]

[손잡이 뜨는 법]

❶ 모티브 테두리에 빼뜨기를 하면서 사슬뜨기(첫째 단)와 짧은뜨기(둘째 단)로 손잡이를 뜬다. 짧은뜨기는 사슬뜨기의 반 코를 건져서 뜬다. 2개의 손잡이는 각 40코.
❷ 손잡이 안쪽 부분이 모티브 테두리에 빼뜨기를 하고, 손잡이 부분은 첫째 단의 사슬뜨기의 남은 반 코를 건져서 짧은뜨기를 뜬다.

⬭ 사슬뜨기
✕ 짧은뜨기
⬛ 빼뜨기

[바닥면 마무리하는 법]

가방 바닥면을 위로 오도록 하여 앞면과 뒷면의 모티브를 겹쳐 잡은 뒤, 오른쪽 가장자리에서 모티브 테두리를 2장 한꺼번에 빼내서 꿰맨다. ⑮는 ⑯, ⑭는 ⑰, ⑬은 ⑱의 모티브와 겹친다.

Basic lesson

대바늘뜨기의 기본

손가락에 실을 걸어서 만드는 시작코

가장 기본적인 시작코를 만드는 방법입니다. 코가 빡빡해지기 쉬우므로 다음 단을 뜨는 바늘보다 1~2호 굵은 바늘을 사용하는 것을 추천합니다.

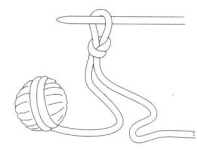 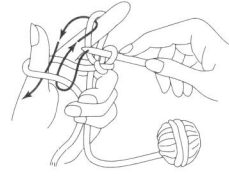 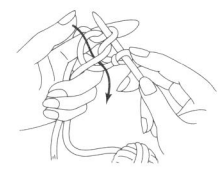 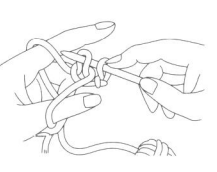 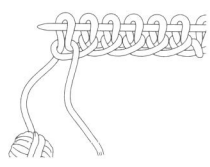

① 실 끝을 편물 너비의 3배 정도 남긴 뒤, 고리(첫째 코)를 만들어 바늘에 건다.

② 실 끝을 엄지에, 뜨개실을 검지에 건 뒤 화살표처럼 바늘 끝을 움직인다.

③ 엄지를 일단 실에서 빼낸 뒤 화살표처럼 다시 넣어 실을 조인다.

④ ②~③에서 시작코의 둘째 코가 생긴다.

⑤ 필요한 콧수가 될 때까지 ②~③을 반복한다.

별도 사슬로 만드는 시작코

사슬뜨기를 풀어서 코를 주운 뒤 반대쪽으로 뜨개질을 해나갈 때 사용합니다. 이 책에서는 주로 옷의 겨드랑이 거싯에서 사용했습니다.

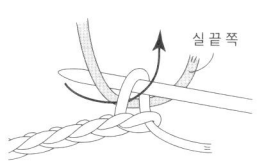 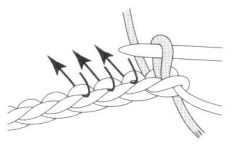 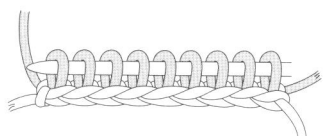 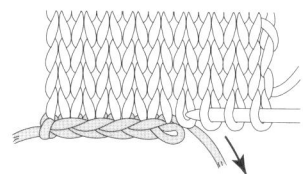

① 별도의 실(뜨개실과 비슷한 굵기의 실을 사용한다)로 필요한 콧수보다 조금 더 넉넉하게 사슬뜨기를 한 뒤 뜨기 끝부분의 사슬코 뒷산(→ p.94)에 대바늘 끝을 넣고 뜨개실로 코를 줍는다.

② 필요한 콧수가 될 때까지 계속 코를 줍는다.

③ 코줍기가 끝나면 이것이 첫째 단이 된다. 둘째 단 이후를 뜬다.

④ 뜨개질을 다 하고 나서 사슬뜨기를 풀고, 남은 뜨개코를 그림처럼 (뜨개코의 방향에 주의) 대바늘에 걸친다.

제도 보는 법

각 작품의 제도에는 각 부분의 사이즈 및 콧수·단수 정보가 기재되어 있습니다.

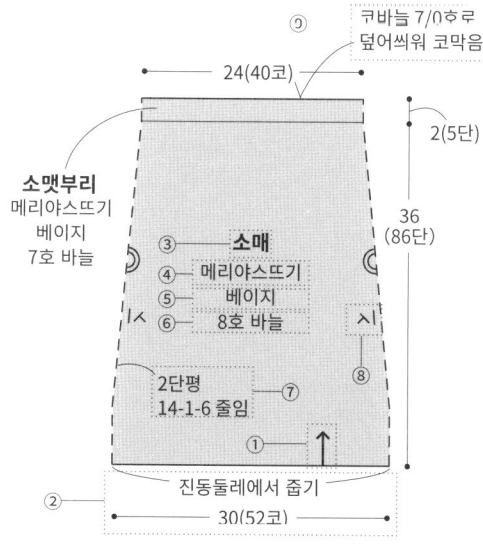

① **뜨기 시작 위치와 뜨는 방향**
이 화살표가 나와 있는 부분이 뜨기 시작 위치입니다. 화살표 방향으로 뜨개를 진행합니다.

② **뜨기 시작 부분의 콧수와 시작하는 방법**
시작코의 콧수와, 시작코를 만들거나 코줍기를 하는 등의 뜨개를 시작하는 방법이 기재되어 있습니다.

③ **부분 명칭**

④ **편물의 종류**

⑤ **사용하는 실**
작품 하나에 두 가지 이상의 실이 사용될 때 기재되어 있습니다.

⑥ **사용한 바늘 호수**

⑦ **증감코 방법**
늘림코 또는 줄임코를 반복하는 방법이 표시되어 있습니다. 예시인 「14-1-16」은 왼쪽에서부터 「14단마다 1코를 16회 (줄인다)」라고 읽으며, 아래쪽 행에서부터 위쪽 행으로 뜨개질해 나갑니다. 「2단평」은 「2단을 증감 없이 (평뜨기) 뜬다」라고 읽습니다.

⑧ **가장자리 코 뜨는 법**
가장자리 뜨개코의 뜨개법이 표시되어 있습니다. 이 예시의 경우, 가장자리는 소맷단에 해당하며, 소맷단에 겉뜨기를 1코 세우고 그 안쪽에서 줄임코를 한다는 것을 알 수 있습니다.

⑨ **뜨기 끝부분의 마무리 방법**
뜨개코를 막는 방법이 기재되어 있습니다.

뜨개 기호 & 뜨개법

이 책의 작품에서 사용한 주된 뜨개 기호와 그 기호가 나타내는 코의 뜨개법을 설명합니다.

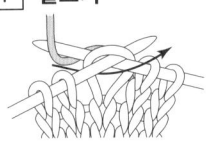 겉뜨기
왼쪽 바늘에 오른쪽 바늘을 앞에서 넣고 실을 걸어 화살표처럼 끌어낸 뒤 왼쪽 바늘에서 코를 뺀다.

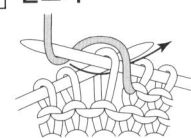 안뜨기
왼쪽 바늘의 코에 오른쪽 바늘을 뒤에서 넣고 실을 걸어 화살표처럼 끌어낸 뒤 왼쪽 바늘에서 코를 뺀다.

 걸기코
오른쪽 바늘에 앞에서 뒤로 실을 건 뒤 다음 코를 이어서 뜬다.

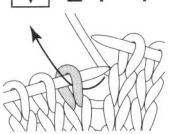 걸러뜨기
실을 뒤쪽에 두고 왼쪽 바늘의 코에 뒤쪽에서 오른쪽 바늘을 넣어 뜨지 않고 옮긴다.

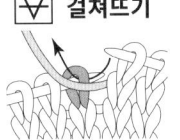 걸쳐뜨기
실을 앞쪽에 두고 왼쪽 바늘의 코에 뒤쪽에서 오른쪽 바늘을 넣어 뜨지 않고 옮긴다.

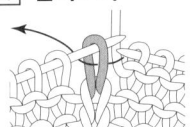 돌려뜨기
왼쪽 바늘의 코에 화살표처럼 오른쪽 바늘을 넣어 겉뜨기를 뜬다.

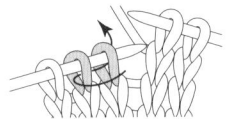 왼코 겹쳐 2코 모아뜨기
왼쪽 바늘에 걸린 2코에 화살표처럼 한 번에 오른쪽 바늘을 넣은 뒤 2코 한꺼번에 겉뜨기를 뜬다.

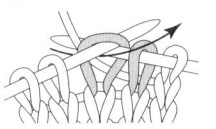 오른코 겹쳐 2코 모아뜨기
① 첫째 코는 겉뜨기를 뜨듯이 오른쪽 바늘을 넣어 오른쪽 바늘에 옮긴 뒤 둘째 코를 겉뜨기로 뜬다.
② 걸러뜨기한 첫째 코를 왼쪽 바늘로 둘째 코에 덮어씌운다.

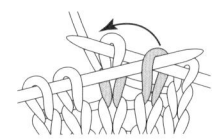 왼코 겹쳐 2코 모아 안뜨기
① 왼쪽 바늘의 2코에 오른쪽 바늘을 화살표처럼 넣는다.
② 오른쪽 바늘에 실을 걸어 2코 한꺼번에 안뜨기를 뜬다.

 왼코 겹쳐 3코 모아뜨기
왼쪽 바늘의 3코에 화살표처럼 오른쪽 바늘을 넣어 3코 한꺼번에 겉뜨기를 뜬다.

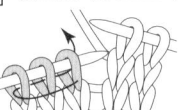 중심 3코 모아뜨기
① 첫째 코, 둘째 코에 화살표처럼 바늘을 넣어 오른쪽 바늘에 옮긴다.
② 셋째 코를 겉뜨기로 뜬다.
③ 오른쪽 바늘에 옮긴 2코를 셋째 코에 덮어씌운다.

 왼코 위 돌려 2코 모아뜨기
① 2코를 뜨지 않고 오른쪽 바늘에 옮긴 뒤 둘째 코에 화살표처럼 왼쪽 바늘을 넣어 왼쪽 바늘에 다시 옮긴다.
② 첫째 코는 그대로 왼쪽 바늘에 다시 옮기고 2코에 화살표처럼 오른쪽 바늘을 넣어 겉뜨기를 뜬다.

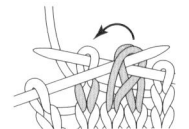 오른코 위 돌려 2코 모아뜨기
① 첫째 코는 안뜨기를 뜨듯이 오른쪽 바늘을 넣어 오른쪽 바늘에 옮긴 뒤 둘째 코를 겉뜨기로 뜬다.
② 걸러뜨기한 첫째 코를 왼쪽 바늘로 둘째 코에 덮어씌운다.

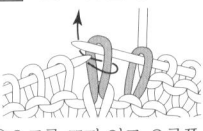 돌려뜨기 늘림코 (오른쪽 가장자리일 때)
① 다음 코와의 사이에 걸쳐진 실을 왼쪽 바늘로 건진다.
② 건진 실에 오른쪽 바늘을 화살표처럼 넣는다.
③ 오른쪽 바늘에 실을 걸어 겉뜨기를 뜬다.

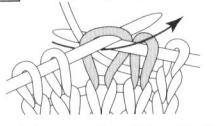 돌려뜨기 늘림코 (왼쪽 가장자리일 때)
① 다음 코와의 사이에 걸쳐진 실을 왼쪽 바늘로 건진다.
② 건진 실에 오른쪽 바늘을 화살표처럼 넣는다.
③ 오른쪽 바늘에 실을 걸어 겉뜨기를 뜬다.

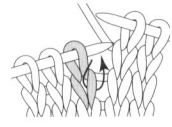 오른코 늘려뜨기
① 왼쪽 바늘의 코 앞단에 오른쪽 바늘을 화살표처럼 넣는다.
② 겉뜨기를 뜨면 1코가 늘어난다.

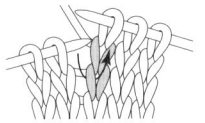 왼코 늘려뜨기
① 오른쪽 바늘의 코 2단 앞에 왼쪽 바늘을 화살표처럼 넣는다.
② 왼쪽 바늘에 걸린 코에 오른쪽 바늘을 넣어 겉뜨기를 뜬다.

ω 감아코로 코 늘리기

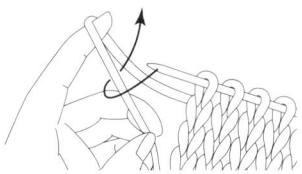 ① 왼손 검지에 건 실을 오른쪽 바늘로 화살표처럼 건진 뒤 검지를 빼고 실을 조인다.

 ② 필요한 콧수가 될 때까지 ①을 반복한다.

코막음 & 꿰매기·잇기

뜨기 끝부분의 코를 막는 방법과, 편물의 가장자리를 꿰매거나 뜨개코끼리 잇는 방법을 설명합니다.

● 덮어씌워 코막음 (겉뜨기일 때)

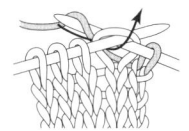 ① 첫 2코를 겉뜨기로 뜬다.

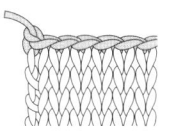 ② 첫째 코를 둘째 코에 덮어씌운다. 겉뜨기를 뜨고 앞 코를 덮어씌우는 과정을 반복한다.

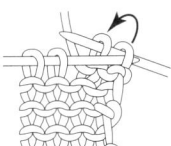 ③ 마지막 코에 실을 통과시켜 조인다.

● 덮어씌워 코막음 (안뜨기일 때)

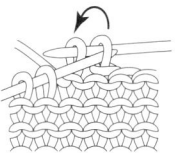 ① 첫 2코를 안뜨기로 뜬 뒤 첫째 코를 둘째 코에 덮어씌운다.

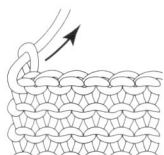 ② 안뜨기를 뜨고 앞 코를 덮어씌우는 과정을 반복한다.

③ 마지막 코에 실을 통과시켜 조인다.

1코 고무뜨기 코막음

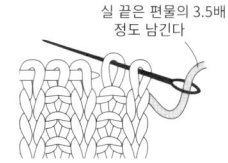 ① 돗바늘에 실 끝을 꿴 뒤 오른쪽 가장자리의 2코에 그림처럼 돗바늘을 통과시킨다.

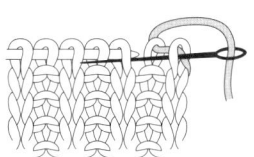 ② 첫째 코 겉뜨기의 앞에서 돗바늘을 넣은 뒤 셋째 코의 겉뜨기에 뒤에서 넣고, 앞으로 꺼낸다.

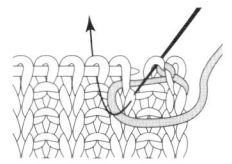 ③ 둘째 코 안뜨기의 뒤에서 돗바늘을 넣고 넷째 코 안뜨기의 뒤로 꺼낸다.

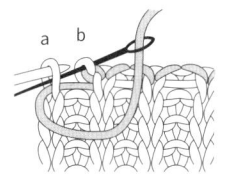 ④ ②와 ③을 반복한 뒤 마지막은 b의 뒤에서 돗바늘을 넣고 a의 앞으로 꺼낸다.

메리야스 잇기

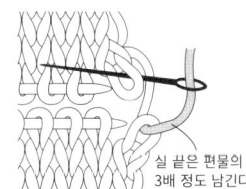 ① 편물 2장의 뜨개코를 서로 맞댄 뒤 실 끝을 꿴 돗바늘을 앞쪽 첫째 코에 뒤에서, 뒤쪽 첫째 코에도 뒤에서 통과시킨다. 돗바늘을 통과시키면서 뜨개코를 대바늘에서 뺀다.

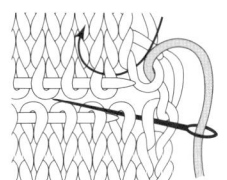 ② 앞쪽 첫째 코는 앞에서, 둘째 코는 뒤에서 돗바늘을 통과시킨다. 둘째 코를 대바늘에서 뺀다. 뒤쪽 첫째 코는 앞에서, 둘째 코는 뒤에서 돗바늘을 통과시킨 뒤 둘째 코를 대바늘에서 뺀다.

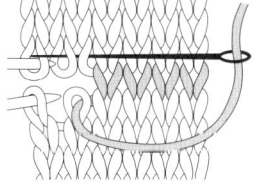 ③ ②를 반복하며 마지막 코까지 잇는다. 잇는 실을 잡아당길 때, 잇는 부분이 1코 높이가 되도록 맞추면 깔끔하게 마무리된다.

빼뜨기 잇기

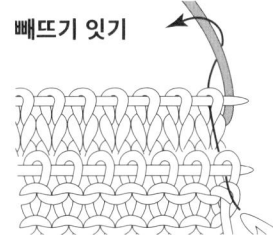 ① 편물 2장을 겉끼리 맞댄 뒤 앞쪽과 뒤쪽의 코 1코씩에 코바늘을 넣고 실을 건다.

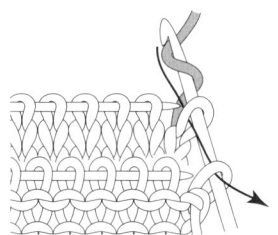 ② 2코를 대바늘에서 뺀 뒤 코바늘에 한꺼번에 빼낸다.

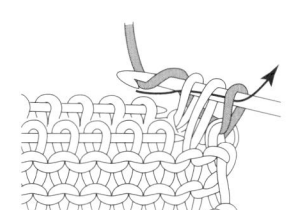 ③ 앞쪽과 뒤쪽의 다음 코에 코바늘을 넣고 2코를 대바늘에서 뺀 뒤 코바늘에 실을 걸어 한꺼번에 빼낸다.

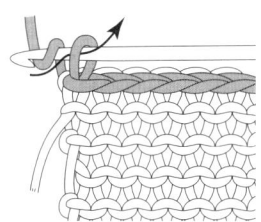 ④ ③을 반복하며 마지막 코까지 이은 뒤 남은 코에서 실 끝을 빼내고 실을 자른다.

코바늘뜨기의 기본

사슬뜨기 보는 법과 부분 명칭

코바늘뜨기의 시작코는 물론, 대바늘뜨기의 시작코로도 쓸 수 있는 사슬뜨기. 각 부분의 명칭을 알아두세요.

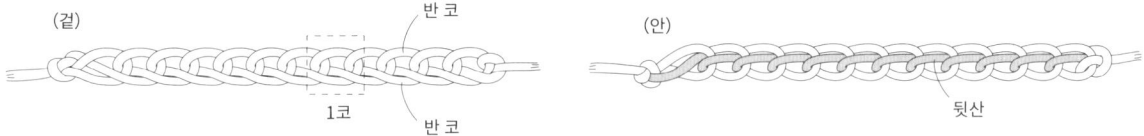

코 줍는 법

코바늘뜨기는 앞 단의 코를 주워서 뜨는데 코를 줍는 방법에는 다음과 같은 세 종류의 패턴이 있습니다.

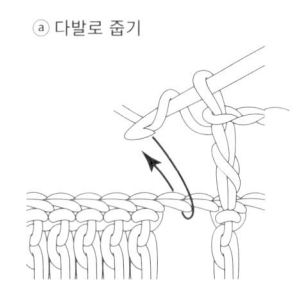

ⓐ 다발로 줍기

앞 단의 뜨개코가 사슬뜨기일 때나 뜨개코와 뜨개코 사이에 코바늘을 넣어서 뜰 때의 코 줍는 법.
사슬뜨기의 아래쪽이나 2 코 사이에 코바늘을 넣고 실을 걸어서 뜬다.

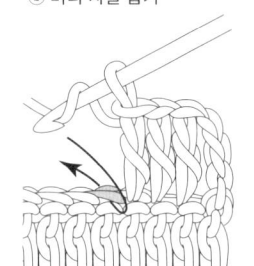

ⓑ 머리 사슬 줍기

앞 단의 뜨개코에 떠 넣을 때의 코 줍는 법. 앞 단의 뜨개코의 머리 사슬 (뜨개코 위에 생기는 사슬코) 아래에 코바늘을 넣고 실을 걸어서 뜬다.

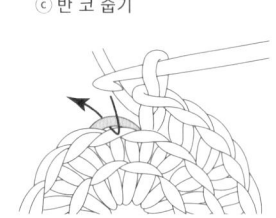

ⓒ 반 코 줍기

앞 단의 뜨개코의 머리 사슬의 반 코만을 줍는 법. 사슬뜨기 1 개에서 위아래로 떠 넣을 때 사용한다.

원형뜨기 시작코

겉면만 보면서 뱅글뱅글 돌려가며 원통형으로 뜨는 원형뜨기를 할 때 자주 사용하는 방법 중 하나입니다.

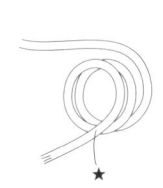

① 실 끝을 5cm 정도 남기고 고리를 이중으로 만든 뒤 ★의 위치를 왼손 엄지와 중지로 누른다.

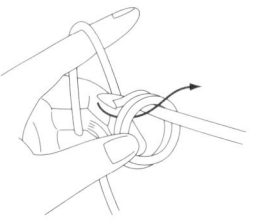

② 뜨개실을 검지에 걸고 그림처럼 잡은 뒤 코바늘을 고리 속에 넣고 실을 걸어 끌어낸다.

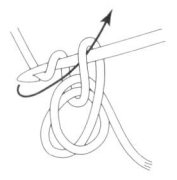

③ 코바늘에 실을 걸고 ②에서 생긴 고리 사이로 끌어낸다. 이때 생긴 코는 1 코로는 세지 않는다.

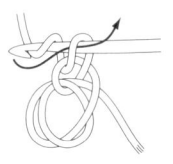

④ 기둥코가 될 사슬을 필요한 콧수만큼 뜬다 (짧은뜨기는 1 코, 한길 긴뜨기는 3 코 등).

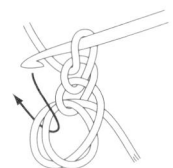

⑤ 기둥코가 될 사슬을 떴으면 고리를 다발로 주워 둘째 코 이후를 뜬다.

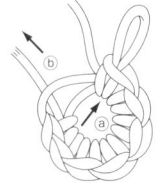

⑥ 첫째 단의 뜨개코를 다 뜬 뒤 ⓐ, ⓑ의 순으로 실을 잡아당겨 고리를 조인다.

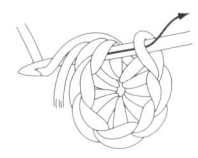

⑦ 첫째 단의 마지막 빼뜨기는 고리를 조이고 나서 뜬다.

뜨개 기호와 뜨개법

이 책의 작품에서 사용한 주된 뜨개 기호와 그 기호가 나타내는 코의 뜨개법을 설명합니다.

사슬뜨기

 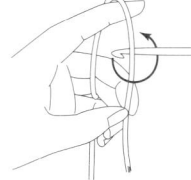  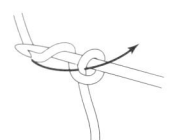 

① 오른손에 코바늘, 왼손에 실을 잡고, 코바늘 끝을 그림처럼 움직인다.
② 코바늘 끝에 고리가 걸린 모습.
③ 코바늘에 실을 걸어 ②의 고리 사이로 빼낸다.
④ 실 끝을 조이면 '슬립노트'가 생긴다. 이 코는 1코로는 세지 않는다 (이 코는 손가락으로도 만들 수 있다).

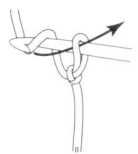   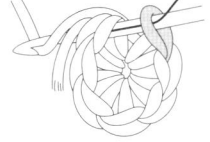 

빼뜨기

⑤ 코바늘에 실을 걸어 바늘에 걸린 고리 사이로 빼내면 사슬뜨기 1코가 완성된다.
⑥ 필요한 콧수가 될 때까지 ⑤를 반복한다.
① 빼낼 부분의 뜨개코의 머리 사슬을 주운 뒤 코바늘에 실을 걸어 화살표처럼 빼낸다.
② 빼뜨기를 뜬 모습.

짧은뜨기

  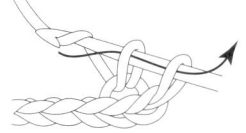 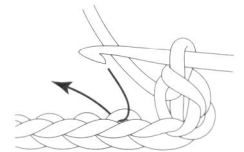

① 앞 단의 코를 줍는다 (시작코에서 첫째 단을 뜨기 시작할 때 기둥코가 될 사슬을 1코 뜬 뒤 둘째 코의 뒷산에 바늘 끝을 넣는다).
② 바늘 끝에 실을 건 뒤 바늘에 걸린 고리 2개 사이로 한꺼번에 빼낸다.
③ 짧은뜨기를 1코 뜬 모습. 다음 코 이후도 ①②를 반복해서 뜬다.

긴뜨기

 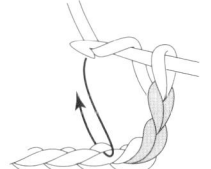 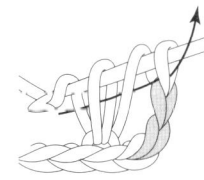 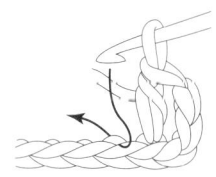

① 코바늘에 실을 걸어 앞 단의 코를 줍는다 (시작코에서 첫째 단을 뜨기 시작할 때 기둥코가 될 사슬을 2코 뜬 뒤 1코 건너뛰고 넷째 코의 뒷산에 바늘 끝을 넣는다).
② 바늘 끝에 실을 건 뒤 바늘에 걸린 고리 3개 사이로 한꺼번에 빼낸다.
③ 긴뜨기를 1코 뜬 모습. 다음 코 이후도 ①②를 반복해서 뜬다.

한길 긴뜨기

 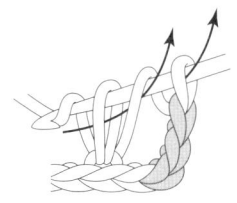 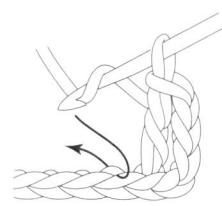

① 코바늘에 실을 걸어 앞 단의 코를 줍는다 (시작코에서 첫째 단을 뜨기 시작할 때 기둥코가 될 사슬을 3코 뜬 뒤 1코 건너뛰고 다섯째 코의 뒷산에 바늘 끝을 넣는다).
② 바늘 끝에 실을 건 뒤 바늘 끝 쪽에 걸린 고리 2개 사이로 빼낸다. 한 번 더 바늘 끝에 실을 건 뒤 바늘에 걸린 고리 2개 사이로 한꺼번에 빼낸다.
③ 한길 긴뜨기를 1코 뜬 모습. 다음 코 이후도 ①②를 반복해서 뜬다.

Profile

사이치카 (サイチカ)

니트 디자이너. 문화복장학원 졸업.
의류 제작 및 니트 디자인을 수학 후 2010년부터 다수의 잡지 및 서적, 브랜드 등에 니트 디자인을 제공하기 시작했다. 세련되고 독창적인 디자인으로 호평을 얻고 있으며 디자인 스튜디오 SAQULAI.Inc 에서 니트 디렉터로도 활동 중이다. 주요 저서로는 『흰 실로 뜨는 스웨터』, 『지금 입고 싶은 스웨터』, 『뜨개질이 즐거운 니트』, 『두 사람의 원더풀 니트 (효도 요시코 공저)』 등이 있다.

Staff

촬영	마쓰모토 노리코
스타일링	다나카 미와코
모델	모토라 세리나
헤어 메이크업	시모나가타 료키
제작 협력	도쿠나가 호즈미, 노나미 에미코, 다자와 이쿠코, 후쿠하라 와카나
편집	가사이 요시코 (쇼가쿠칸 CODEX)

재료 제공
나이토상사 주식회사
〒124-0012　東京都葛飾区立石 8-43-13
内藤クラフトセンター
tel.+81-3-5671-7110
http://www.naitoshoji.co.jp

아이슬란드 로피로 뜨는
노마딕 니트
2025년 11월 30일 초판 1쇄 발행

지은이 | 사이치카
발행인 | 신재은
옮긴이 | 김수연
발행처 | 마피아싱글하우스
출판등록 | 2014년 4월 23일 (제2014-000077호)
주소 | 서울특별시 동작구 동작대로35길 67 1F
전화 | (02) 579-2877
팩스 | (02) 6008-9915
홈페이지 | www.mafiasinglehouse.com
인스타그램 | @mafia_single_house
ISBN 979-11-990951-1-3 (13630)

ICELAND NO LOPI DE AMU NOMAD NO KNIT: HITSUJI TO TAWAMURERU YONI SOBOKU NA
ITO TO JIYU NI ASOBU
by Saichika
© 2025 Saichika
All rights reserved.
Original Japanese edition published by SHOGAKUKAN.
Korean translation rights in Korea arranged with SHOGAKUKAN
through THE SAKAI AGENCY and IMPRIMA KOREA AGENCY.
이 책의 한국어판 저작권은 THE SAKAI AGENCY 와 IMPRIMA KOREA AGENCY를 통해 SHOGAKUKAN, Japan와의 독점계약으로 마피아싱글하우스에 있습니다. 저작권법에 의해 한국 내에서 보호를 받는 저작물이므로 무단전재와 무단복제를 금합니다.

○ 이 책을 복사, 스캔, 디지털화하는 등의 무단 복제는 저작권법상의 예외적인 경우를 제외하고 금지되어 있습니다.
○ 이 책을 대행업자 등 제3자에게 의뢰하여 스캔이나 디지털화하는 것은 개인이나 가정 내에서의 이용일지라도 저작권법 위반이 됩니다.
○ 이 책에서 소개한 작품의 전부 또는 일부를 상품화, 복제 및 배포, 또는 콘테스트 등의 응모작품으로 출품하는 것은 금지되어 있습니다.
○ 촬영 및 인쇄 상태에 따라 작품 색상이 실제와 다소 다를 수 있으니 양해 바랍니다.
○ 파본이나 잘못된 책은 구입한 곳에서 교환해드립니다.

mafia single house 「마피아 싱글하우스」는 꿈이 있는 사람들을 위한 수공예 전문 출판사입니다.